国家公园和区域发展模式创新丛书

区域·城市·可持续发展

林家彬
政策研究自选集

Region, City and
Sustainable Development

An Anthology of
Self-Selected Policy
Research Works
(Jiabin Lin)

林家彬 —— 著

社会科学文献出版社
SOCIAL SCIENCES ACADEMIC PRESS (CHINA)

前　言

本书是我从事政策咨询研究以来所写文章的一个自选集。

我自1995年7月回国进入国务院发展研究中心（以下简称中心），到2017年底退休为止，在政策咨询研究工作的岗位上度过了22年的时光。这段时间又可以大致分为两个时期，前5年在发展战略和区域经济研究部（1998年更名之前的名称是发展预测研究部），主要从事区域经济和地区发展、可持续发展以及中小企业政策等方面的研究。2000年，我在中心内部调动到社会发展研究部，主要负责资源环境领域的政策研究，另外还先后涉猎过应急管理、房地产税、住房保障、城市管理、交通运输管理体制、城市更新、地方税体系、国土规划、城市规划、城市社会治理等多个领域。之所以会涉猎如此众多的领域，实际上是由中心的性质特点所决定的：一方面，上级下达的研究任务总要由同事们分担完成，即使以往未曾涉猎过的领域，也必须迎难而上；另一方面，作为一名合格的政策咨询研究者，也必须对现实经济社会中的热点问题及时做出回应。

本书是在我涉猎过的诸多领域当中，选取关系相近的区域经济发展、城市发展与城市社会治理研究、可持续发展三个领域，以本人在职期间撰写的政策咨询研究报告为主结集而成。这些文章的选题本身，在一定程度上反映了当时决策层、政策研究人员及社会所关注的热点问题。在收入本书之际，为每篇文章都撰写了"回顾与点评"专栏，一方面介绍文章写作的背景；另一方面则以本人当下的认识水平对自己过去的见解进行点评，相信对读者而言能增加一些趣味，也能更好地看出国家在过去25年间的巨大进步。另外，有些文章过去仅上报供决策参考而未曾公开发表过，现保密期限已过，故将其收入书中，希望借此引起社会的关注。

本书涉及的部分研究工作和成果的结集出版得到了国务院发展研究中心力拓研究基金的资助。本书在编写过程中得到了清华大学建筑学院秦岭和陈瑜，管理世界杂志社苏红巧、赵鑫蕊和王宇飞，北京林业大学彭林林，青岛大学董啸天，北京联合大学刘洁，北京师范大学程红光等人的帮助，他们不仅协助我完成了对找不到电子文档的文章的整理和扫描等基础性工作，还参与了相关资料的搜集、核对和全书的统稿、排版、校对等工作。在此一并致谢。

国务院发展研究中心研究员　林家彬
2019年12月

目 录

区域经济发展篇 …………………………………………… 1

日本地区政策与地区产业开发 ………………………… 3
地区政策与公共投资和地区开发金融 ………………… 16
地区政策与中央地方关系
　　——日本的做法及其借鉴意义 ………………… 31
以重要基本建设项目为主要动力的地区
　　经济发展问题 …………………………………… 43
对国家促进老少边穷地区发展政策措施的
　　若干建议 ………………………………………… 49
加快西部农村公共服务发展的重要性与
　　对策建议 ………………………………………… 62
日本国土规划的演进历程及其启示 …………………… 76

城市发展与城市社会治理篇 ……………………………… 97

对"城市经营"热的透视与思考 ……………………… 99
对城镇化问题的几点思考 ……………………………… 112
我国"城市病"的体制性成因与对策研究 …………… 121
推进城镇化健康发展的城市规划 ……………………… 140
我国城市发展中值得关注的几个影响因素 …………… 158

· 1 ·

城市管理综合行政执法面临的问题与
　　对策建议……………………………………… 168
以现代信息技术为支撑的城市管理创新
　　——北京市朝阳区的案例研究………………… 178
城市治理：从政府本位到民众本位…………………… 200
从公共产品供给模式入手的社会治理创新
　　——深圳市龙岗区"社区民生大盆菜"的
　　经验和启示……………………………………… 210
社会治理的发展历程与未来愿景……………………… 218

可持续发展篇……………………………………………… 229
环境 NGO 在推进可持续发展中的作用
　　——对日本环境 NGO 的案例分析……………… 231
膜下滴灌农业节水技术引领农业生产方式
　　重大变革………………………………………… 246
应积极防范产业转移带来污染转移…………………… 251
应高度重视石棉引起的健康风险……………………… 257
多元共治视角下的国家公园管理
　　——法国国家公园管理体制考察报告…………… 263
空间规划中的减灾问题研究…………………………… 273

代跋：成就感源于为国为民
　　——记经硕 1982 级林家彬………………………… 283

区域经济发展篇

  本部分的文章在专业领域上属于区域经济发展及国土规划,这也是我在东京大学留学期间所学习的专业。因此,我在国务院发展研究中心的政策研究生涯可以说是从老本行开始的。文章的时间跨度则涵盖了从刚入职到退休之后共24年。大多数文章都是先刊发于国务院发展研究中心的内部刊物《调查研究报告》,而后刊发于公开刊物上。

日本地区政策与地区产业开发

在今后一个时期内，我国在地区政策上应加强对区域问题的干预，合理调控地区差异，防止发达地区与欠发达地区之间的差距过分扩大并力争缩小差距，这已经成为研究地区发展问题的人士中的主流意见。但调控地区差异，具体如何操作仍是一个有待进一步深入探讨的课题。本文拟从对日本的地区产业开发的经验和教训的介绍和总结入手，引出对在地区政策中应用地区产业开发手段的若干启示和思考。

一 日本在地区产业开发上的实践

（一）地区产业开发在地区政策体系中占有重要地位

日本的地区政策体系的主体构架是由一系列地区开发立法组成的。这个法律体系又由基本法和特定地区法两大类构成。基本法以全国或大区域为对象，如《国土综合开发法》《北海道开发法》《首都圈整备法》等。这类法律是制订全国或大区域的综合开发规划的依据，不涉及区域的指定、对指定区域的财政税收的优惠措施的规定等内容。特定地区法又分为旨在促进地区产业开发的产业振兴类和旨在促进特定落后地区、先天不足地区发展的特定区域振兴类。由于特定地区法具有与基本法不同的特征，这类法律都包括对对象区域的界定，对区域内相关项目的财政税制以及融资上的优惠措施的规定等十分具体的内容，因此对于地区政策的实施来说具有更加直接和明显的意义。而特定地区法中半数左右为产业振兴类所组成，可见地区产业开发在地区政策体系中占有重要地位。

从产业振兴类法律的立法目的上，也可以看出其极为鲜明的地区政策色彩。比如1962年颁布的《新产业城市建设促进法》在第一条中就对其立法目的作了这样的表述："为防止人口和产业在大城市中的过度集中，并为在纠正地区差异的同时达到就业的安定，通过改善产业的立地条件和建设城市设施，促进应成为地方开发和发展的核心的新产业城市的建设，从而促进国土的均衡开发及国民经济的发展"。其他几项产业振兴类的法律也都以促进落后地区的产业开发、缩小地区差异、促进国土的均衡发展作为其立法目的。显而易见，日本政府是十分重视运用地区产业开发来作为实现其地区政策目标之手段的。

（二）运用地区产业开发手段为地区政策服务的一些具体做法

通过立法使地区产业开发有矩可循、在立法中明确对象地区的指定方式或定义、明确制订开发规划的责任所在、对国家认可的优惠措施的内容给予详细的规定，是日本进行地区产业开发的一贯做法。首先就对象地区的指定来看，一项地区开发立法中对开发对象地区如何指定或定义，体现了地区政策的方向性，具有十分重要的意义。日本的做法一般是在法律颁布之后由地方政府按照立法目的提出申请，而后由中央政府进行协调和审批。例如，《新产业城市建设促进法》颁布后有39个县级（相当于我国的省级）政府提出了44个候选地区，而后中央政府批准了其中的15个地区作为新产业城市。有时日本还在法律中规定明确的定性及定量指标，地方政府在报候选地区时需符合指标的规定。例如，1983年颁布的《高技术工业集聚地区开发促进法》对对象地区有如下的要求：必须排除工业集聚程度很高的地区及其周边区域；必须是从自然、经济、社会条件判断，以高技术为基础的工业开发具有良好前景的地区；地区内必须已经存在有相当数量的企业，这些企业可望从事高技术的开发并将其应用到产品的开发和生产；易于确保工业用地用水和住宅用地；地区内或其近邻必须有人口15万人以上的城市存在；地区内或其近邻必须有从事有关高技术的教育和科研的大学存在；必须能够便捷地利用高速公路、机场以及其他高速运输设施。这种规定对地方政府选择候选地区起到了明确的指导作用，成为政策导向的有效手段。为确保地区产业开发在对象地区内的实施，地区开发立法中大多还对开发规划的制订和认可程序作了规定。例如，新产业城市和工业整备特别地区的基本规划是由县知事负责制订，内阁总理大臣通过听取国土审议会意见并与有关部门［国土、农林水产、通商产业（以下简称"通产省"）、运输、建设、劳动、自治、厚生等］的行政长官商议后予以确认。而工业再配置规划则是由通产省通过与有关部门的行政长官商议并听取工厂立地与工业用水审议会的意见来制订。

作为促进对象地区产业开发实施的具体手段，各项地区开发立法中无一例外地都包含有对优惠措施的具体规定。从这些优惠措施的直接目的来看，是要改善对象地区的投资环境，促进企业的投资和地区产业的发展；从措施所运用的政策手段来看，可以分为财政措施、税制措施和金融措施；从措施所面对的直接对象来看，可分为面对地方政府者和面对企业者。以《新产业城市建设促进法》为例，它所规定的优惠措施包含了如下内容：①提高基础设施建设中由国库负担部分的比例；②对地方财政负担的部分，提高允许运用地方公债的额度，中央财政并对地方财政给予公债的利息补贴；③地方政府由于对投资建厂企业实行税收减免而导致的财政收入减少部分，中央政府在地方交付税中予以补贴；④对投资建厂企业实行固定资产税和不动产取得税的减税及特别土地保有税的免税；⑤运用特别融资制度对投资建厂企业给予资金上的支持。由于优惠措施是政府对企业可能运用的最主要的政策手段，因此可以说一项地区产业开发制度的政策力度的大小主要体现在优惠措施的内容上。此外值得一提的是，中央政府拥有一支直接实施地区开发的队伍——地域振兴整备公团（以下简称公团）。公团设立于1974年，是一个受国土厅（国土交通省）、建设省和通产省共同监管的特殊法人，其主要任务是从事一些地方政府不易实施、中央政府又不便直接出面组织的开发项目的规划和建设。其中主要是落实国土规划、区域规划所提出的一些难度较大、不易协调的开发项目，具体包括工业小区的开发建设、地方城市的新区开发建设、根据《工业再配置促进法》的规定向从人口稠密的大城市外迁的企业发放低息贷款等。公团的资金来源一部分靠政府出资，一部分向政府直接掌握的邮政储蓄借款，另外政府每年给公团以数十亿日元的补贴作为日常运营的费用。公团作为一个非营利性的开发实体，在开发过程中享受税制和金融上的有关优惠。

二　特点及经验教训

（一）特点

（1）立法先行，以法律为依据。纵观日本地区产业开发的沿革，每一项开发制度的建立和实施都是以立法作为出发点的。立法中对对象地区的指定方式、开发的内容和程序、各级政府的权限和责任、优惠措施的具体内容等都做了明确而详细的规定，这就使开发制度的实施有矩可循，在很大程度上避免了地方政府不受制约地一拥而上、滥用优惠政策、各级政府之间权限和责任不明确的弊端。

（2）中央政府起强有力的调控作用。从日本地区产业开发的做法中可以看出，虽然具体实施开发建设、吸引企业投资的主体是地方政府，但中央政府保持了强有力的宏观调控者的地位。这主要体现在开发对象地区须由中央政府批准、对象地区的开发建设规划须经中央政府认可、优惠政策在立法中统一规定、中央政府按照立法规定对地方政府给予财政税制及金融上的支持等方面。与其他一些市场经济国家相比，日本的做法被称为"上意下达型"，具有较强的中央集权的色彩。这在一方面起到了规范地方政府的开发行为、避免出现国土利用的混乱和税收的流失的作用,但另一方面也造成了地方政府缺乏自主性和创造性、各地区的开发方式千篇一律而缺乏地区特点的弊病。

(3)以缩小地区差异为出发点。上面已经提到,日本的有关地区产业开发的立法以促进相对落后地区的开发、缩小地区间的经济差异作为主要政策目标。由于在市场经济国家中,企业投资的空间取向完全由企业自身决定,如果政府放任自流不加引导,企业从追求聚集规模经济的动机出发有向产业集中程度高的大城市集中的倾向,结果将导致严重的地区差异问题和国土利用的失衡。这是又一种意义上的"市场的失败",对市场的空间作用力进行合理疏导就成为地区政策的使命。而疏导的方法除了在个别大城市(如东京、大阪)通过立法手段进行直接限制外,选择重点地区并针对重点地区进行投资硬软环境改善,即进行地区产业开发便是日本最注重运用的政策手段。

(二)经验教训

日本大规模运用地区产业开发手段为地区政策服务是从20世纪60年代初开始的。从其30多年的实践来看,既有可资参考的经验,也有值得汲取的教训。这里主要举出以下几点。

(1)时机与方向的把握至关重要。由于日本的地区产业开发主要靠吸引民间企业的投资来实现,能否成功地吸引到企业投资、吸引到的企业是否属于有发展前景并能够对地区经济起到带动作用的产业部门就成为地区产业开发能否成功的关键。吸引企业投资，当然是在企业投资欲望高涨的经济高速增长时期容易成功，而在国民经济步入低谷、企业投资欲望萎缩时容易落空，因此必须把握时机，或者说对宏观经济形势有正确的判断。同样，从产业结构的角度来看，如果准备吸引的产业是已经失去发展势头的"夕阳产业"，则首先是难以吸引到投资，即使是吸引到了投资也难以给地区经济带来活力，这就是把握方向的重要性。日本在这方面有过惨痛的教训。20世纪60年代末，日本在连续10余年的经济高速增长势头下，于《新全国综合开发规划》中提出了以新干线、高速公路网为依托，在边远地区建设6个世界最大规模的工业基地的设想，企图以此在满足企业的投资建厂需要的同时实现国土利用的均衡化。大规模工业基地拟吸引的产业则为60年代的带头产业，即重化学工业。但随后以1973年发生的石油危机为契机的日本经济高速增长时代宣告结束，这一设想被釜底抽薪，而主导产业从重化学工业向高附加价值的机械加工业和新材料工业转变的产业结构变化对于两个较早将设想付诸实施的地区则无异于雪上加霜。这两个地区由于至今未能吸引到多少企业投资，庞大的建设投资无法收回，成为压在国家和地方财政身上的包袱。例如，在北海道苫小牧东部工业基地，国家和地方政府联合成立的开发公司的负债总额已逾1000亿日元，每年仅利息负担就达数十亿日元。

（2）重点须突出，战线不可过长。地区产业开发的实质，是通过对特定的区域给予特殊的优惠政策和集中的公共投资来创造出优于区外的、良好的投资环境。因此若一项地区产业开发举措在区域上重点不突出、战线过长，那么首先就会削弱这项举措本身所具有的意义，再者若开发的规模大大超过企业的投资需求，就会在地区之间引起过度的引资竞争，造成两败俱伤，引起巨大浪费乃至政府税收的流失。

（3）要注重地区产业链的形成。日本的地区产业开发经验还表明，如果一项地区产业开发仅仅是在地区内"嵌入"一两个大企业大工厂，而没有一个相对完整的地区产业链的形成，那么其增加地区内就业、增强地区经济实力和经济发展水平的作用就极其有限，特别在"嵌入"的工厂属于资金密集型时更是如此。因此在吸引企业投资时应当有合理的产业导向，充分考虑地区的资源和现有产业基础等条件，力争形成较为完整的地区产业链，以充分扩大地区内的就业，增强地区经济的活力。

三　评价与思考

虽然日本从20世纪60年代初开始就把缩小地区差异作为地区政策的首要任务，大规模地运用了地区产业开发作为其重要政策手段，也收到了不少实效，但总体上来看政策总是滞后于现实，过密过疏、国土利用失衡、东京单极集中等问题至今仍在困扰着日本。究其原因，大致可归结为高速增长时期经济发展来势迅猛超出了政策制定者的预想、重视公平的地区政策与重视效率的产业政策相比相对薄弱、政府的地区产业开发举措往往是与大企业的利益追求相妥协的结果等几方面。

在考虑日本的经验教训对我国的借鉴意义时，首先应当注意到日本与我国的国情差异。第一，日本除了战后复兴时期的很短一段时间以外，其地区产业开发很少带有资源开发的因素。而我国在不发达地区的地区产业开发在今后相当长时期内都将是以资源开发为中心。这是因为日本本身资源匮乏，不发达地区在资源禀赋上一般也不具有优势，总体上也是走的原材料依赖进口的加工贸易立国的道路。而我国一方面在不发达地区中存在许多资源富集地区，另一方面我国这样一个大国也不可能在资源上过度依赖进口，而应该走以资源开发带动地区发展，同时满足国民经济总体发展的需要的路子。第二，日本的地区产业开发一般在区域上覆盖很广，例如，被指定为新产业城市和工业整备特别地区的地区总面积竟占到国土面积的9.3%。这与日本的地区政策是以公平性作为第一目标，且有较强的中央财政支持分不开的。而我国目前经济发展水平尚低，不可能把对公平的追求放到超越于总体效率目标的地位上，中央财政的能力也比较薄弱。"效率优先，兼顾公平"，换一个角度来看就是在追求公平的时候也必须有对效率的考虑。因此，我国在地区产业开发上不能搞"满天星""撒胡椒面"，而必须突出重点，围绕对国民经济进一步持续发展具有重要意义的能源、资源开发项目搞重点开发。在充分考虑到诸如上述的国情差异的基础上，笔者认为日本的地区产业开发经验对我国有以下几点借鉴意义。

（1）把握时机，运用产业开发为地区政策服务。我国目前在地区发展上以效率优先，兼顾公平为原则，以在注重国民经济总体效益提高的同时控制地区差距扩大的速度不致过快为政策目标。要实现这一目标，不能对各地区的发展放任自流，必须采取适当的政策手段对不发达地区和欠发达地区的发展予以促进和扶持。而产业开发就是一项行之有效、合乎时宜的政策手段。一方面，从宏观经济形势判断，今后一个时期将是运用产业开发手段为地区政策服务的大好时机。我国国民经济在总体上保持着良好的发展势头，企业的投资需求旺盛，近几年工业企业数目以每年数十万家的速度猛增。另一方面，从国民经济进一步持续发展的需要来看，对中西部地区能源、资源的重点开发已经成为具有紧迫性的议题。在这种形势下，如果能够以有力的政策手段加以引导，就可以使一部分企业按照地区政策的导向改变其投资的空间指向，在客观上起到为地区政策服务的作用。吸引企业到不发达地区和欠发达地区投资，目前尚缺乏具有实效的政策措施，我国有关部门于1995年6月20日发布了《指导外商投资方向暂行规定》，其中明确宣布鼓励外商向中西部地区投资，可以说是在引导企业投资为地区政策服务方面开了先河。但是对于国内企业的投资尚无类似的明确的政策导向，而上述规定也还缺乏具体的优惠措施使其具体化。鉴于目前这种状况和地区政策目标的需要，建议在中西部地区按照国家的生产力总体布局目标设立一批国家重点开发区，在这些重点开发区中由国家统一规定优惠政策措施体系，把政府对企业投资的空间导向落到实处。同时，结合政企关系的改革，在制度上降低国内企业跨地区投资的门槛，使国内企业在投资空间选择上有更多的自由度。

（2）重视对不发达地区和欠发达地区的当地产业的扶持。日本对其地区产业开发史的重要反省之一在于：过于侧重吸引外来大企业集团的投资，而对扶持和振兴地区内原有的产业或企业重视不够。毋庸赘言，如果能够成功地振兴不发达地区内原有的产业，同样可以使地区经济充满活力，成为追赶发达地区的动力。我国在"三线"建设时期大幅度向内陆地区转移工业生产力，以军工企业为中心，一大批国有骨干企业落户中西部山区。这些企业大都具有当时国内一流的技术和设备水平，但很长一段时间内由于其自我封闭、内部循环的体系，成为嵌入所在地区的"飞地"，对推动当地地区经济的发展贡献甚少。随着改革开放的进展，我国从20世纪80年代开始对"三线"建设进行调整改造，"军转民"的成功显示了这部分技术和资产存量向国民经济和区域经济体系开放后所能释放的巨大能量。"三线"地区的地方政府应充分重视发挥这一部分先进生产力的作用，在积极主动地为这些企业的转向调头和市场开拓提供帮助的同时，鼓励这些企业在当地开展技术扩散、培育关联产业、建立企业集团，成为带动地区经济发展的骨干力量。我国实行改革开放以来国民经济取得的快速增长，有相当大一部分应归功于乡镇企业的异军突起。但乡镇企业的发展在地区之间差距很大，不发达和欠发达地区在农村工业化过程中所必需的资金、技术、市场信息、人员素质等基础条件与沿海发达地区相比均处于不利地位，政府在这些方面给予适当扶持是十分必要的。对于乡镇企业专项贷款、税收减免、技术培训、信息服务等扶持手段，已经有的应该持续下去并在实践中不断完善，还没有的则应迅速建立起来。

（3）强化中央政府协调地区发展的能力。地区产业开发是实现地区政策目标的一个手段。但是要有效地运用这一手段，还离不开中央政府协调地区发展综合能力的提高。目前我国区域经济发展中存在着市场分割、地区封锁、自成体系、重复建设、投资规模失控等现象，中央政府协调地区发展的能力亟待提高。

我国目前仍处于从计划经济体制向市场经济体制转轨的过程之中，政府对经济活动的干预方式也随着经济体制改革的进程而逐步发生改变。但是，由于政企关系的改革滞后于中央与地方之间的分权改革，中央政府协调地区发展的能力处于一种相对薄弱的状态。一方面，由于地方政府成为大部分企业的所有者和管理者，也由于财政以及投资项目审批权限的下放，地方政府作为经济利益主体的属性被空前强化，企业"慈父"的角色改由地方政府来主要扮演。从追求自身经济利益最大化的动机出发，一些地区地方保护主义及千方百计扩大投资规模的倾向仍然存在，使中央政府的区域调控阻力重重。另一方面，目前中央政府所支配的财力在国民收入和财政总收入中所占的实际比重仍然较低，也使得中央政府通过投资建设大型基础设施、运用财政信贷手段对企业投资进行诱导的能力以及通过财政转移支付支援贫困地区的能力非常有限。因此,要强化中央政府协调地区发展的能力,一方面需要促进政企关系的改革,弱化地方政府作为经济利益主体的地位,从而消除对中央的区域调控的自发抗力;另一方面需要进一步强化中央财政,使中央政府对生产要素流动的导向手段能够切实有效,并有更多的力量对贫困地区的发展进行支援。

回顾与点评

这是我入职国务院发展研究中心之后撰写的第一篇"调查研究报告"。当时我还未被分配具体的研究任务,于是决定将在日本留学期间学到的地区发展领域的知识进行一个梳理,从介绍日本的做法切入,最后落脚到对中国现实问题的思考和建议。以这样的路子先后写了三篇文章,分别是《日本地区政策与地区产业开发》《地区政策与公共投资和地区开发金融》《地区政策与中央地方关系——日本的做法及其借鉴意义》,均是先刊发于国务院发展研究中心《调查研究报告》,然后发表于公开刊物上。

本文撰写于1995年晚夏,公开刊发于1996年第2期《中国软科学》,是我从日本回国之后的初出茅庐之作。

地区政策与公共投资和地区开发金融

在市场经济国家中，虽然政府不以行政手段直接支配资源的空间配置，但依然能够通过运用手中所掌握的财政资金来实现对地区差异的调控。在方式上，既有中央对地方的财政转移支付，也有政府直接投资在地区间的分配，还有以政府所掌握的资金为资金来源的地区开发金融。本文通过对日本在政府投资的地区间分配以及地区开发金融实际做法的介绍，寻找可资借鉴的经验，探索实现我国地区开发政策的有效途径。

一 地区政策与公共投资

（一）公共投资的定义和内涵

按照日本在1967年所制定的"经济社会发展计划"中所做的定义，日本的公共投资包括中央和地方政府、公社、公团、公库等政府团体，以及经营水道、交通、发电、医院等事业的地方公营企业的投资总和。这个数字中减去土地购置费和拆迁补偿费便得到国民经济核算中的"政府固定资本形成"项的数值。公共投资可分为行政投资和政府企业投资，其中行政投资根据投资的直接目的进一步分为生活基础设施投资、产业基础设施投资、农林水产投资、国土保全投资、其他投资几个领域。政府企业投资由于20世纪80年代以来一些大型国有企业的民营化而规模大幅度缩小，从

70年代的相当于行政投资的60%以上下降到目前的15%左右。

（二）公共投资的规模

日本的政府财政支出中，公共投资所占的比重在发达国家中处于最高水准。表1给出了日本与其他主要发达国家政府最终消费与政府固定资本形成占国内生产总值（gross domestic product，GDP）比重的比较。

表1 政府最终消费与政府固定资本形成占GDP比重的比较

单位：%

项目	OECD平均	北欧四国平均	德国	美国	日本
政府最终消费	21.5	28.2	20.3	19.4	15
政府固定资本形成	2.84	3.04	2.23	1.62	5.7

注：①本表内容根据日本1995年版《经济白皮书》；②数据为1992年，但其中挪威为1991年；③OECD指经济合作与发展组织（Organization for Economic Co-operation and Development），北欧四国指瑞典、芬兰、丹麦、挪威。

这个比较表明，虽然日本的政府最终消费占GDP的比重最低，是一个"小政府"，但其政府固定资本形成占GDP的比重却最高。也就是说，日本的公共投资的规模大大高于其他一些发达国家。由此可见，对公共投资的运用是日本政府实现其政策目标的极其重要的手段。

（三）公共投资在地区间的分配

在日本，通常把以东京为中心的关东地区、以名古屋为中心的东海地区、以大阪为中心的近畿地区这三大城市圈统称为大都市圈，把其他地区统称为地方圈。公共投资在大都市圈和地方圈之间的分配情况实际上也就代表了在发达地区和欠发达地区之间的分配情况。从表 2 中可以看出，自 1960 年以来，人均行政投资额在大都市圈一直呈相对下降趋势，而在地方圈则呈相对上升趋势，1975 年以后地方圈的人均行政投资额超过了大都市圈。

表2 人均行政投资额在大都市圈和地方圈之间的相对比重变化
（以全国平均为100）

单位：%

项目	1955 年	1960 年	1965 年	1970 年	1975 年	1980 年	1985 年
大都市圈	95	111	105	101	94	87	87
地方圈	105	87	94	99	109	120	120

在行政投资的各个领域中，生活基础设施投资和产业基础设施投资是最大的两项，分别占行政投资总额的 40% 和 20% 左右。生活基础设施投资的对象包括市町村道、城市规划、住宅、环境卫生、保健福利（医院、国民健康保险等）、文教设施、上下水道等。产业基础设施投资的对象则包括国道和县道、港口、机场、工业用水等各项事业。从表 3 和表 4 的比较可见，行政投资对地方圈的倾斜主要体现在产业基础设施投资上。至于生活基础设施投资，虽然两者之间的差距在缩小，但大都市圈的人均投资水平依然高于地方圈。

表 3　人均产业基础设施投资额在大都市圈和地方圈之间的相对比重变化（以全国平均为 100）

单位：%

项目	1955 年	1960 年	1965 年	1970 年	1975 年	1980 年	1985 年
大都市圈	80	98	106	92	77	74	71
地方圈	121	103	92	111	134	140	145

表 4　人均生活基础设施投资额在大都市圈和地方圈之间的相对比重变化（以全国平均为 100）

单位：%

项目	1955 年	1960 年	1965 年	1970 年	1975 年	1980 年	1985 年
大都市圈	141	126	125	120	114	103	105
地方圈	57	71	68	71	78	95	92

产业基础设施投资和生活基础设施投资之间在经费负担主体上有很大不同。大体上看来，生活基础设施投资有 80% 左右是由地方政府负担，而产业基础设施投资有 60% 以上是由中央政府负担。由此可见，中央政府运用投资手段对欠发达地区的开发支持主要是通过产业基础设施投资的倾斜分配来实现的。

（四）地区政策与公共投资

在日本的地区政策体系中《全国综合开发规划》占有中心的地位。日本迄今为止一共制定了四个《全国综合开发规划》，目前正在着手制定第五个全国综合开发规划。已经制定的各个全国综合开发规划中均对公共投资的重点投资方向作了明确的规定，体现了当时的地区政策的政策目标。1962年制定的第一个《全国综合开发规划》是以通过据点开发来缩小地区间的收入差距作为主要目标的。该规划把日本全国分为"过密地区""整备地区""开发地区"。在对不同地区的开发方向的规定中，明确地体现了在大都市圈偏重生活基础设施投资，在地方圈偏重产业基础设施投资的方针。

1969年制定的第二个《全国综合开发规划》以大规模开发工程的构想为其特征。该规划以过密过疏问题和地区差异问题作为地区政策上面临的主要课题，期望通过推进大规模开发工程，特别是新干线和高速公路等交通通信网的建设，来达到纠正国土利用失衡状况的目的。1977年制定的第三个《全国综合开发规划》以"抑制人口和产业向大都市集中，振兴地方，在解决过密过疏问题的同时确立新的生活圈"作为规划目标。该规划对公共投资的重点方向作了如下的描述：

（1）推进地方定居所需要的基础设施投资，特别是为促进青年的地方定居，创造各定居圈的特性和魅力所必须的重点投资；

（2）为实现国民生活的稳定提高，确保粮食和能源资源所需的投资；

（3）改善特大城市的居住环境所需的投资；

（4）国土管理投资；

（5）旨在推进定居构想的研究开发投资。

1987年制定的第四个《全国综合开发规划》提出"以形成多极分散型的国土为目标"。该规划根据当时民间资金相当充裕的情况,提出了"多元主体参加的国土建设"。因此规划中没有提出公共投资单独的总额目标,而代之以"国土基础投资"的总额目标,对于投资的重点则作了相当详尽的描述。

从以上各个《全国综合开发规划》的规划目标和对公共投资的重点方向的规定可以看出,日本一直都把解决地区间的发展失衡问题作为在地区政策上的首要目标,而公共投资作为重要的政策手段,其方针方向以及在地区间的分配从来都是受到高度重视的。

二 地区政策与地区开发金融

(一)地区开发金融的含义和资金来源

与公共投资是由政府作为直接投资主体的投资活动相比,开发金融则是政府运用手中掌握的资金进行的政策性金融投资活动,是通过政府金融机构或财政特别会计向民间企业或法人发放贷款实现的。地区开发金融,则是在贷款的发放上以振兴特定地区的产业为直接目的,在贷款的发放对象上限定于特定地区的企业或法人的开发金融。地区开发金融的资金属于"财政投融资"的一部分,来自政府掌握的三大部分资金:邮政储蓄资金、厚生年金与国民年金资金、简易保险资金。财政投融资在日本被称为"第二财政",以1993年为例,其规模达到相当于国民生产总值的近 10%。可见，政策性金融是政府强有力的政策手段之一。

（二）地区开发金融的沿革

日本的地区开发金融以 1956 年北海道开发金融公库的设立为开端。为了促进边远的北海道地区的开发，日本政府于 1950 年制定了《北海道开发法》，中央成立了北海道开发厅，在当地设立了北海道开发局。在根据《北海道开发法》制定的第一个北海道开发五年计划期间（1952～1956 年），虽然有庞大的公共投资投入基础设施建设，但产业开发进展缓慢。针对这种情况，北海道开发审议会等有关方面提出了应当设立开发金融机构，以推进从本州吸引企业到北海道投资、振兴地方产业的意见。1956 年，政府正式决定设立北海道开发公库。到了 1957 年，为了促进相对落后的东北地区的开发，政府制定了被称为"东北开发三法"的《东北地区开发促进法》《东北开发株式会社法》《北海道东北开发公库法》；北海道开发公库改称为北海道东北开发公库，东北地区也成为公库的业务范围地区。

在此之后，九州、四国、中国、北陆各地区在北海道和东北地区的刺激下也纷纷由本地选出的国会议员提出议案，在国会通过了各地区的开发促进法。各地区都要求设立针对该地区的、与北海道东北开发公库性质相同的地区开发金融机构。针对这种情况，日本政府认为不宜在各地都单独设立独立的地区开发金融机构，因此决定在日本开发银行中设置"地方开发局"，统一承担面向这些地区的地区开发金融职能。日本开发银行与北海道东北开发公库在融资对象及地区上互不重叠，这种格局一直延续至今。

(三)地区开发金融的运作方式

这里以北海道东北开发公库为例作简要介绍。《北海道东北开发公库法》在第一条对公库的目的作了开宗明义的阐述："为了促进北海道及东北地区产业的振兴和开发，为国民经济的发展做出贡献，通过提供长期资金等，对民间投资和一般金融机构的融资活动起到补充或奖励的作用"。为实现这一目的而规定的公库的业务范围是，对在北海道东北地区进行的与产业开发有关的各项事业提供贷款、出资和提供债务担保。这些事业应是难以期待较快的投资回收，因而难以得到一般商业贷款和出资者。所谓出资，是以在事业初始阶段用购入股份来对事业提供资金支持的方式。出资的限额为总股份的50%以下，当股票价格超出原始股价时公库须迅速将所持有的股票盘出。

公库除以财政投融资资金作为直接资金来源外，还被允许在资本金的20倍以下的额度之内发行北海道东北开发债券。公库对企业发放贷款的利率相当或略低于一般商业银行对企业贷款的最优惠利率，同时贷款期限长于一般商业银行，起到了长期信用银行的作用。公库在每一事业年度结算后出现盈余时，必须将盈余部分悉数上缴国库。虽然地区开发金融在运作上不以营利为目的，但资金来源均属于政府财政信用的范畴，从总体上要求不能出现亏损。因此公库或开发银行对融资或出资的对象都要进行周密的审查，对以后在经营中出现困难的企业则通过进行经营指导乃至派人协助管理等形式帮助其摆脱困境，从而保证资金的按计划回收。

三　对我国的借鉴意义

（一）关于公共投资的地区分配的思考

从上面的介绍中我们看到，日本在公共投资的地区间分配上充分体现了地区政策的目标，在总量上倾斜于欠发达地区，而其中主要的倾斜又体现在对民间投资有较强诱导作用的产业基础设施投资上。

《中共中央关于制定国民经济和社会发展"九五"计划和2010年远景目标的建议》作为支持中西部欠发达地区的开发、支持民族地区、贫困地区脱贫致富和经济发展的主要措施，提出了要"实行规范的中央财政转移支付制度；优先在中西部地区安排资源开发和基础设施的建设项目；积极鼓励国内外投资者到中西部地区投资"的方针。这一方针明确地体现了在政府投资的地区间分配上要增大对中西部地区投资力度的含义，是我国今后实施地区经济协调发展战略的重要依据。但是，要将这一方针付诸实施，还必须付出切实的努力，解决如下几个问题。

（1）提高政府汲取财政收入的能力。无论是实行规范的中央财政转移支付制度、加大对不发达地区的财政支持，还是加大中央政府在中西部地区的直接投资的力度，都离不开政府汲取财政收入能力的增强。而我国目前政府财政收入和中央财政收入占GDP的比重均处于相当低的水平，与我国政府对经济生活进行宏观调控，包括对地区发展进行协调的需要不相适应。根据《中国统计年鉴1995》公布的数据推算，1994年我国政府财政收入和支出占GDP的比重分别为11.6%和12.9%，中央财政收入占GDP的比重为6.45%。而据世界银行统计，1986年中低收入国家（人均GNP在50～2400美元）政府财政支出占GDP的比重的平均值为27%，高出我国目前这个比重的一倍以上。从1994年《世界银行报告》的一些国家的中央财政收入占GDP的比重（1989年数据）来看，我国目前的这个比重不到法国的1/6、美国的1/3、日本和印度的1/2。大幅度提高政府财政收入和中央财政收入占GDP的比重，是实行规范的中央财政转移支付制度、提高政府协调地区发展能力的必要条件和当务之急。

（2）政府职能转换过程中应当提高政府投资的导向作用。日本在政府投资的地区间分配中，尤其强调了产业基础设施投资对欠发达地区的倾斜，这是出于产业基础设施投资具有最强的对于民间投资的导向作用的考虑。我国自经济体制改革以来，投资主体的多元化进展很快，体现了由计划经济到社会主义市场经济的体制转轨过程中政府职能转换的一个重要方面。也正因为如此，政府投资的导向作用就应该得到前所未有的重视。但是，有关数据表明，目前我国政府财政支出的结构尚无法完全适应对政府投资的导向作用的要求。首先，从财政支出中经济建设支出占总支出的比重来看，1978年为63.7%，1994年降到了43.1%。再从基建投资占总支出的比重来看，1978年为40.7%，1994年降到了

11%。与此同步的则是经常性支出的大幅度上升，支出结构由"建设财政"转向"吃饭财政"。其次，从国有资产政府投资的行业分布来看，偏重于竞争性投资活动倾向依然未有明显改观，投资重心偏离基础性投资和公益性投资。《1994中国投资白皮书》显示，1992年的国有资产政府投资中，竞争性投资活动、基础性投资活动和公益性投资活动所占的比重分别为45%、43%、12%。政府依然过多地参与竞争性投资活动必然导致政府投资的导向作用力度不足。

另外，目前的投资空间分布依然偏重于东部地区的局面表明，政府的投资导向任重道远。以1994年的数据为例，全社会固定资产投资的63.3%、国有经济固定资产投资的55.1%集中于东部地区。考虑到在今后体制转换的进程中国有经济固定资产投资占全社会固定资产投资的比重将进一步下降，而非国有部门的投资能力东部远大于中西部，以及市场将成为资源配置的主导等因素，政府通过对中西部地区基础设施的倾斜投资来对一部分竞争性投资起引导作用就更有必要。

（二）关于建立健全地区开发金融体系的政策建议

日本的经验表明，地区开发金融作为一种为地区政策服务的政策性金融，它通过对欠发达地区的产业开发提供贷款支持来弥补欠发达地区的资金缺乏，从而达到促进地区经济实力的增强、缩小与发达地区之间的差距的政策目的，是一种行之有效的政策手段。鉴于我国目前一方面面临着调控地区差异的迫切需要，另一方面财政能力所能允许的地区间财政转移支付以及中央政府的基础设施投资对中西部地区倾斜的规模都很有限，及时建立和运用地区开发金融这一有效的政策手段是十分必要的。

实际上，在我国目前地区开发金融并非完全空白。根据 1993 年 2 月发布的《国务院关于加快发展中西部地区乡镇企业的决定》，中国农业银行开通了中西部地区乡镇企业专项贷款业务，重点用于中西部地区乡镇企业集中连片发展的地方，目前的年贷款发放规模约为 10 亿元。另外，中国工商银行和中国建设银行也专门设立了扶贫专项贷款业务，扶贫贷款也多被用于贫困地区的乡镇企业。但是，无论是与规范的政策性金融相比，还是从金融体制改革的要求来看，都有必要进一步建立健全我国的地区开发金融。首先，按照金融体制改革的设计，目前承担着属于地区开发金融性质业务的中国农业银行和中国工商银行都应该成为商业银行而并非政策性银行。根据国务院 1993 年 12 月《关于金融体制改革的决定》，建立政策性金融与商业性金融相分离的金融组织体系是金融体制改革的重要目标之一。地区开发金融作为政策性金融，理应由政策性银行来承担。其次，作为政策性金融的地区开发金融，也必须遵循政策性银行"自担风险、保本经营"的经营原则。因此，必须由银行对贷款项目进行严格审查和评估，必要时还须对贷款对象进行经营上的指导和帮助。这就要求政策性银行具备相应的能力，在机构的设置和人员的配置上有相应的考虑。我国目前的状况是，银行的贷款发放在相当程度上受到地方政府行为的影响，贷款不能如期收回甚至根本无望收回的项目为数不少。不能保本经营的政策性金融将难以为继，并给国家财政造成新的负担。

因此，作为建立健全我国地区开发金融的具体手段，笔者建议：①尽快将地区开发金融业务转由政策性银行来承担，是否可以考虑在国家开发银行中设立地区开发金融部，专司管理地区开发金融业务。②为适应地区开发金融业务的特点，强化其作为银行业务的经营，应根据业务需要在地方设置开发银行的分支机构，以便加强对项目的审查工作，必要时对借贷企业进行经营指导和监督。在建立分支机构时要充分考虑到其能力需要，选调熟悉融资业务及企业财务管理的人员作为骨干，并进行必要的业务培训，切实管理好地区开发金融业务。③作为整体体系的设计，是否可以考虑将国家开发银行的地区开发金融业务范围限定于欠发达省份，发达省份内的经济欠发达地区的地区开发金融业务由各省自行组建地区开发金融机构承担。另外，在支援欠发达地区的经济发展上财政与银行应合理分工。银行按照保本经营的原则对项目进行审查和贷款投放，对于无利或亏损，但对地区总体发展而言又不可缺少的项目由财政采取直接投资或对贷款贴息的方式进行支援。

（三）关于地区开发金融的资金来源问题

毫无疑问，要使地区开发金融成为卓有成效的政策手段，首先必须使其达到一定的规模，这就要求有比较充足的资金来源。而我国目前却面临着投融资领域资金稀缺、供求矛盾突出的局面。已有专家指出，我国目前的国内储蓄率已经处于一个相当高的水准，资金稀缺的原因不在于资金数量的绝对不足，而在于投资渠道的狭窄和资金利用效率的低下。在政府投资资金短缺的同时，股票、期货等金融商品市场上却存在着总量在 2000 亿～3000 亿元的巨额游资。这就启示我们，完全可以通过适当的渠道把一部分社会资金吸纳起来，使其成为政府投融资的资金来源的一部分。其具体办法，诸如建立投资基金、发行特定目的债券、发行特定目的彩票、扩大和深化对国有企业股份制改造等都已经在实施之中；还可以考虑用诸如设立西部开发投资基金、发行西部发展彩票等手段来扩充地区开发金融的资金来源；但更重要的是在拓宽资金来源渠道的同时，加强对资金运用的管理，努力提高资金的利用效率；要尽快建立健全有关法规和制度，一方面使通过各种手段吸纳的社会资金能够切实进入地区开发金融渠道，另一方面使地区开发金融能够在政策性银行的科学和规范化管理和运用之下发挥最大的效益。

回顾与点评

　　本文写于 1995 年秋，公开刊发于 1996 年 3 月号的《城市金融论坛》。由于 1994 年分税制改革的效果尚未显现出来，因此文中仍在主张提高中央财政收入在国家整体财政收入中的比重，现在看来由于当时没有对分税制改革的影响机制进行深入研究，缺乏了前瞻性。本文的另一个重要主张是建立作为政策性金融的地区开发金融，这在当时的大环境下尚有其充分合理性。但几年之后，伴随着住房的全面市场化与土地市场的形成，不少地方政府借助在土地市场上的垄断地位使得"土地财政"大行其道，于是关于地区开发金融的讨论也失去了意义。

地区政策与中央地方关系
——日本的做法及其借鉴意义

一 日本的中央地方间行政关系

日本的中央地方间行政关系的基础是以《地方自治法》为基本法的地方自治制度。根据《日本国宪法》和《地方自治法》的有关规定，地方政府是独立于中央政府的法人，具有自治行政权、自治立法权、自治组织权和自治财产权。具体而言主要包括这样一些内容：地方政府的首脑、议员以及其他由法律规定的官员须由当地居民直接选举产生。地方政府除具有管理财产和处理事务的权限之外，还具有行政权和在法律规定的范围内制定条例的权限。国会除非得到当地居民半数以上的投票支持，否则不能制定针对某一特定地方政府的特别法。这些内容体现了地方自治制度的旨在强化地方政府的自主自立性、扩大民众的参政权、保证行政运行的公正性和效率性的目的。

在这样的制度规定下，日本的地方政府在形式上享有虽然不及联邦制国家但在单一制国家中相对较大的权限。但中央政府仍然以如下的手段保持了对地方政府的强有力的影响力。第一，《地方自治法》中为中央政府对地方政府进行行政干预准备了路径。行政干预分为权力性干预和非权力性干预两种。权力性干预手段包括监察、财务监督、任命临时代

· 31 ·

理人、批准或否决地方公债的发行等。非权力性干预手段则包括建议、劝告、要求改正、地方政府间纷争的调停、受理地方政府就有关事项的报告等。第二，根据《地方自治法》的规定，地方政府的事务范围可以分为自治事务和机关委任事务两大类，前者属于地方政府的自主权限范围之内，而处理后者时是作为中央政府的一个机构，需要接受中央政府的指挥和监督。第三，许多地方性建设事业的审批权限掌握在中央部门的手中，如城市规划由建设省负责审批，港口设施建设由运输省负责审批等。中央政府通过行使审批权限也能对地方政府施加强大的影响力。第四，中央政府的一些与中央投资有关的部门在地方都设有分支机构，直接管辖各个"条条"的建设投资事宜。日本全国分为九个大区，每个大区都有冠以该大区名称的地方建设局、地方运输局、地方通产局等。这些中央部门的分支机构通过对辖区内重大基础设施的布局建设、组织辖区内地方政府就有关事宜的协商协调，也对地方政府的有关决策产生着很大的影响。第五，中央政府通过对财政转移支付中特定补助金的操作可以在相当大的程度上对地方政府的决策起产生导向作用。关于这一点，在下面的中央地方间财政关系中还将论及。

二 日本的中央地方间财政关系

关于日本的政府间财政关系，财政部赴日考察团已经有较为详尽的考察报告（见《财政研究》1995年第1期）。因此在这里对财政关系的一般细节不再详述，而只着重介绍中央政府通过财政手段对地方政府进行控制的机制。

东京大学的神野直彦教授在描述日本财政体制的特征时，将其概括地称为"集权分散型体制"。所谓集权，指的是在提供公共产品和服务上中央政府具有压倒性的发言权；所谓分散，指的是在实际担负公共产品和服务的提供上地方政府占有较大的比例。这样一种体制的实现，主要是依靠：①集中大部分税收于中央财政的税制结构；②中央财政向地方财政的大规模的转移支付；③对地方政府的税收课征和公债发行的管制；④财政转移支付中有相当一部分是用途被限定、体现了中央政府的政策导向的特定补助金。

对于上面所说的①和②两点，仅从以下的一组数据便可以明确地验证。1992年，日本的全部税收中中央税和地方税所占的比例分别为62.4%和37.6%，而最终财政支出中中央财政和地方财政所占的比例分别为34.5%和65.5%。从20世纪80年代以来，地方财政的最终收入中来自中央的财政转移支付所占的比例大体上稳定在40%左右。

中央政府对于地方政府的税收课征和公债发行的管制，则将地方政府的不依赖于中央政府的自主财政来源也置于管理之下。对于税收课征的管制可分为对税目的管制和对税率的管制。地方税法中规定了地方可以开征的税种，如果地方政府想在此之外开征新税种的话必须经过自治大臣的批准。对于税率的管制是通过规定主要地方税种的税率上限和被称为"通常应依据的税率"的标准税率而实现，实际上是迫使地方政府按照中央政府的意愿采用统一的税率。对于地方发行公债的管制也非常严格。除须经过自治大臣的批准外，还需制订地方公债发行计划，中央对每起地方公债分别进行审查。

在如此严格的财政收入来源管理之下，地方政府无法依靠自身的财政增收努力来增加财力和实施一些自主规划的事业，而只能依靠来自中央财政的转移支付。财政转移支付中包括地方让与税、地方交付税、国库支出金三大项，其中对于地方政府行为最具诱导作用的是国库支出金中的国库补助金制度。与其他转移支付项目或是额度被定死没有争取余地，或是专为某些特定用途而设计不同，国库补助金是中央政府用于奖励和帮助特定事业的实施而拨给地方的资金，从地方政府的角度来看是一笔可以争取的资金。地方政府为了争取得到这笔资金自然在事业的规划上要努力去符合中央政府的政策意向。

三 从中央地方关系看日本地区政策体系的特色

（一）规范的、大规模的财政转移支付使地区间的财力趋于均衡

日本的财政转移支付的根本原则是保证全国任何一个地区的地方政府都能向其居民提供一定水准之上的公共商品和服务。财政转移支付中的主要项目之普通交付税的分配方法就明确地体现了这一原则。此外，国库补助金的拨付大部分也是按照地区政策的目标，主要用于欠发达地区的各项基础

设施建设。可以说，地区政策的大部分政策手段都是通过国库补助金形式的财政转移支付而落实的。从这个意义上讲，财政转移支付是地区政策的最基础和最重要的政策手段。

（二）事权财权划分规范，中央的政策必定在中央的经费负担上得到体现

日本在中央与地方政府之间的职责和经费分担上有一整套规范的制度体系。以公共工程为例，就有以中央政府为实施主体地方政府也根据受益程度负担少部分经费的"直辖事业"、以地方政府为实施主体中央给予一定补助的"补助事业"和地方政府单独实施的"单独事业"。对于"直辖事业"和"补助事业"中中央与地方的经费负担比例，各类公共工程都有相关立法明确规定，如公路工程有《道路法》，港口工程有《港湾法》，河流整治有《河川法》等。在此基础上，每一项地区开发和振兴立法中都要包括提高中央在有关地区的公共工程建设中的负担比例的内容。以《关于与后进地区开发相关公共事业的国家负担比例特例的法律》为例，它规定了对于后进地区中的道路、港口、机场、农用设施、河流整治等12项公共工程提高中央政府负担的比例，并给出了根据地方财政状况计算提高率的公式。一方面，由于做法非常规范，一项制度一旦建立起来以后在实施过程中就不再有讨价还价的余地。另一方面，由于每一项地区开发政策举措都在中央的经费负担上有所体现，中央在制定政策时就必须充分考虑自身的财政负担能力，更加慎重和周密，还可以避免"中央出政策，地方拿钱"造成过

度加重地方财政负担、中央威信下降的局面。另外，由于地区政策立法中关于经费负担的规定是在原有的关于公共工程的法律基础上提高中央负担的比例，该由哪个政府部门具体承担自然明了。例如，上面例子中道路和河流整治归建设省，港口和机场归运输省，农用设施归农林水产省分别负责。这种做法也避免了就每一个具体项目都需要为谁来承担、负担多少的问题交涉和协调一番的弊病。

（三）"补助金行政"使中央在地区政策的实施过程中进一步强化了对地方的控制

补助金是中央政府实现其政策导向的主要手段，形形色色的补助金名目繁多。大致上中央各个省厅（相当于我国的部委）的每一个职能科都掌管着一项以上的补助金。因此日本有些学者和地方官员把中央政府的这种做法称为"补助金行政"。

"补助金行政"使中央在地区政策的实施过程中进一步强化了对地方的控制。这主要是因为，补助金是在财政转移支付中相对有弹性的一部分，也就是地方政府可以通过努力争取到的一部分。而争取的途径无非是接受中央政府在地区政策上的设计，争取成为中央设计的某项开发振兴制度的对象地区。由于各项制度中对于哪些事业项目是中央提高负担比例的对象都有明确的规定，地方政府在建设项目的选择上一般都要优先安排这些项目，以便"用足政策"。这样，中央政府通过补助金的利益诱导效应，在地区政策的实施过程中可以使地方政府在相当大的程度上服从中央的政策意愿。

这种做法的好处是，地方政府在利益导向机制下自愿地接受和服从中央的政策设计，因此中央的政策意图可以很容易地为地方所贯彻执行，而较少发生中央与地方之间的利益矛盾和"上有政策，下有对策"的现象。但反过来，也存在着地方在自身发展上缺乏自主性和创造性、各地区的发展模式雷同而缺乏地方特色的问题。近几年来，日本针对这一问题在推进地方分权上做出了一些努力。其基本思路是，在地方政府的行政能力有很大提高的前提下，应尽量减少中央政府对地方性事务的干预程度，与居民日常生活关系密切的事务应当尽量交给地方政府去管理。日本国会1995年5月19日通过了《地方分权推进法》，该法规定在总理府内设置"地方分权推进委员会"，负责就推进地方分权的具体措施、充实地方税财源的措施等进行研究和审议，并向内阁提出建议。

四 对我国中央地方关系的几点思考

与日本相比，我国目前在中央地方关系上存在着制度不规范、体制因素造成的中央与地方的利益矛盾比较尖锐、中央协调地区发展的能力薄弱、中央政府部门"条条"过多而必要的管理能力又严重不足等几个方面的突出问题。采取有效措施逐步解决这些问题，对于处理好全国经济总体发展与地区经济发展的关系、实现地区协调发展的战略目标也是至关重要的。以下对这几个问题逐条进行论述。

（1）中央地方关系需用制度体系进行规范。我国目前中央地方关系的不规范主要表现在这样一些方面：中央与地方之间的职责权限在很多方面没有明确具体的划分，没有严肃的法律依据，以致经常出现在具体事务上中央和地方的事权财权交叉不清，视于己有利与否或尽力争揽或互相推诿。项目投资上中央和地方的负担比例无规可循，许多项目都可能经过一番讨价还价和互相"钓鱼"的过程。地方政府超越权限擅自制订"土政策"却没有法律约束从而也不承担法律责任。中央政府制定要求地方执行的政策更多地不是通过立法途径而是通过文件、通知等行政命令的形式。这种不规范性也造成了政策的严肃性的下降。

目前的这种不规范性主要是由历史原因造成的。在过去实行集中统一的计划经济体制时期，中央在事权财权上"一统到底"，地方政府实际上只相当于中央政府设在地方的办事机构。改革开放后，虽然也经历了几次放权和收权的反复，但总体来说中央依靠行政命令指挥地方的格局没有根本性的变化。改革开放以来，财政和企业隶属关系上的分权改革先行于其他领域，地方政府迅速成为具有独立意志和利益的主体。当地方政府越来越多地要从自己的利益出发、按照自己的意志来行动时，与中央政府之间的讨价还价自然也就越来越多起来，原本就存在缺乏法律规范的问题就变得越来越突出。在改革开放的尝试和探索过程中也曾出现"中央对一些地方给政策而不给钱"，或者是"中央出政策地方拿钱"的情况，这种做法在客观上也加大了不规范性的程度。

要维护中央的权威，提高包括协调地区发展在内的宏观调控能力，今后不应再靠简单的行政命令，而必须建立起规范化的制度体系，应当在科学划分各级政府的事权财权的基础上以法律形式将其制度化。对于目前主要靠中央与地方政府之间的一对一谈判来解决的事权划分和经费分担问题都应代之以明确的法律条文。类似于经费分担比例或财政转移支付额度之类的问题，只有将体现了中央的政策方针的、科学的计算公式以法律条文规定下来才能排除讨价还价的可能性，保证政策的严肃性和统一性。

（2）中央政府部门设置应按职能转换的要求进行调整改革以提高宏观调控能力。目前我国的政府机构设置上存在着"条条"过多而管理能力弱的矛盾。尽管经过机构改革数量比过去已经大有减少，但国务院的部级机构仍有59个（1996年），其中行业管理部门18个。如果加上一些副部级的总局或行政性总公司之类则数目更多。行业管理的"条条"过多加上许多部门之间职能的交叉和重叠，使得这些部门之间的协调本身就成为一件难事，自然也难以用统一的声音对地方说话。一方面是行业管理部门的数量多，另一方面却是必要的管理能力十分不足。许多部委的职能处一般只有四五个人的编制，甚至还有两三个人的情况。像这样的一个处便要主管诸如全国的城镇体系规划、若干个省份的国土规划工作之类的事务，大部分时间只能用来应付必办程序性工作，难以对所管的业务范围作深入的调查研究和细致的工作。相比之下，日本的中央政府机构数量少但每个机构的实力相对强大。省厅级机构共20个，其中通产省事务管辖范围近于我国所有行业管理部之和。课（相当于我国的处）级编制一般都在20人以上。通产省、建设省、运输省等部门还根据业务需要设有庞大的地方派驻机构，负责具体处理地方性事务。人员和资金的保证使得他们对于业务范围内事务的管理能够落到实处，在与地方的对话中也处于比较强有力的地位。

今后一个时期内，为适应经济体制转变而带来的政府职能转变，对政府机构设置进行进一步的调整改革势在必行。在这个过程中，大方向应是大幅度撤并代表国家直接介入和干预生产活动和市场的行业管理部门，与此同时对担负宏观经济调控、产业政策、基础设施的规划和建设、国土规划与地区政策等对经济生活起间接引导作用的部门进行充实和强化。对于中央地方关系而言，这样一个过程同时也应该是提高中央政府部门的管理能力、强化中央协调地区发展的能力的过程。

（3）理顺体制关系，减少中央与地方之间的利益冲突。一段时期以来的"上有政策，下有对策"现象和"三灯战略"[①]现象的普遍性，表明了在中央地方关系上存在着体制上的问题——地方政府为了实现自身利益的最大化而需要经常做出违背中央政策意愿的行动。这个问题包括两个方面的

[①] "三灯战略"指："见了绿灯抢着走，见了黄灯闯着走，见了红灯绕着走"。

因素。一方面，由于政企关系的改革滞后于中央地方间的分权改革，地方政府成为大部分企业的所有者和管理者，并掌有比过去大得多的项目投资审批权限，其作为经济利益主体的属性被空前强化，其结果必然是行为方式向作为经济利益主体的方面倾斜。为了实现自身经济利益的最大化，其行政权力也被动员起来为经济利益服务。保护本地市场防止利益流失的本能导致地方保护主义，扩张自身经济规模的欲望导致投资饥渴症，确保地方财政收入来源的动机导致高利税行业的盲目上马，与中央政府的建立全国统一市场、控制投资规模、调整产业结构的政策目标发生冲突。另一方面，由于中央财政收入占国内生产总值和国家财政总收入的比重过低，也缺乏规范的、类似于日本的国库补助金的利益诱导机制，地方政府对于服从中央政府的号令除去政治上人事上的因素以外缺乏动力。

因此，我国要最大限度地减少中央与地方之间的利益冲突，就需要从上述两个方面着手解决存在的问题。首先，应大力推进政企关系的改革。随着经济体制的转变，政府干预经济的方式和手段将发生根本性的变化。政府不再直接管理企业的生产经营活动，而代之以用经济杠杆对市场进行调控、建设和充实基础设施为生产和生活服务的方式来间接地发挥指导作用。在实施转变的过程中，应对于各级政府的职能范围做出分阶段的明确界定，对于地方政府的政绩考核也应逐步减少诸如产值之类的生产活动成果指标所占比重，而代之以人民生活质量提高程度、基础设施建设水平等综合性指标。其次，必须大力提高中央财政收入占财政总收入和国内生产总值的比重，在此基础上建立规范化的财政转移支付制度，其中应包括对于地方政府具有利益导向作用的补助金制度。只有在国民收入分配格局和财政收入分配格局中中央财政占有足够大的比重，才能使中央能够有较多的办法来实施宏观经济调控，包括对地区发展的调控。

回顾与点评

本文撰写于1996年初，公开刊发于1996年7~8月号的《国际经济评论》。现在看来，1993年以来日本持续推行地方分权改革，仅到本文成稿为止就有几个标志性事件发生，包括：1993年日本国会罕见地以全票通过了《关于推进地方分权的决议》；1994年日本内阁府发布了《关于推进地方分权的大纲》；1995年日本国会通过了《地方分权推进法》，将实行地方分权、最大限度地发挥地区个性，建立一个以居民为主导、具有个性化特点的地区综合发展模式作为国家治理改革的方向加以确立。但当时我对地方分权这一领域还未涉足，缺乏学术上的敏感性，因此文中着墨过少。

对于文中中国中央地方关系所指出的问题，这些年来多数有了很大程度的改观，如"条条"过多的问题，经过1998年和2018年两轮大的机构改革，除国务院办公厅外，国务院设置组成部门26个。制度性规范的问题也得到了一定的改善。

以重要基本建设项目为主要动力的地区经济发展问题

大型的基本建设项目对项目所在地区的区域经济发展能够起到强有力的推动作用，这一点早已是不争的事实。但是对项目所在地区来说，如何最大限度地利用大型基本建设项目的推动作用，有效地增强地区的综合实力和可持续发展的能力，则是一个值得认真深入研究的问题。在这里，我们将从大型建设项目对区域经济产生影响的机制分析入手，为思考这一问题提供一些有益的线索。

一 大型建设项目对所在地区区域经济的影响机制

（一）设施效果与乘数效果

大型建设项目对所在地区区域经济的影响，首先可以区分为设施效果和乘数效果两大类。设施效果是项目建成投入使用后，由于设施本身的功能和用途而给设施的利用者以及有关主体带来的效益。乘数效果则是由建设投资本身造成的，首先是扩大了建筑业的生产活动规模以及对原材料和劳动力等的需求，这种需求的增大通过各生产部门之间的投入产出关系而波及各个部门，使整个地区的经济受到刺激和推动。由于设施效果是投资的结果即所建造的设施所带来的效果，因而又可被称为存量效果；而乘数效果是投资本身在生产和消费的经济循环过程中产生的效果，因而又可被称为流量效果。

(二)直接效果和间接效果

就上述的设施效果而言,从效果的波及过程来看又可有直接效果和间接效果之分。直接效果是指设施给其利用者直接带来的效益,效益的产生过程之中没有其他经济主体介于其间。例如,高速公路的建成通车为其使用者带来的节省旅行时间的效益,以及给高速公路的管理运营主体带来的通行费收入便是直接效果。间接效果指的是设施投入使用后所产生的效果中除直接效果外的所有效果。间接效果的产生过程之中,一般都有区别于设施的直接使用者之外的经济主体的参与。比如某个具有高品位旅游资源但过去由于交通不便未能得到开发的地区,现在机场的建成通航而使交通条件大大改善,从而促进了当地旅游业的发展,增加了就业和提高了居民的收入水平,这就是机场建设的间接效果。然而间接效果的实现,并不仅仅是依靠机场建成通航这一基本条件,也是当地政府和旅游界等有关方面的努力和投入的结果。这里在概念上需要注意的是,从经济效果的测度的角度来说,设施效果并非等于直接效果和间接效果之和。这是因为,间接效果中有一部分只不过是从设施的直接利用者转移到了其他主体,也就是说是直接效果在形态上的转移。例如,某蔬菜产地由于交通条件的大幅度改善销量大大增加,从而提高了生产者的销售收入。这里,销量增加的原因是交通条件的改善使得交通的利用者降低了运输费用,缩短了运输时间,从而与其他产地相比提高了价格和鲜度上的竞争力。因此,生产者的销售收入提高这一效果应被视做交通利用者的费用和时间的节约等直接效果向生产者的转移。

在独立于直接效果而单独存在的间接效果中，比较常见和重要的是由于规模经济的形成而造成的外部经济效果。例如，通过建设大型港口可以在港口周围设置大规模临海型工业基地，从而使得生产规模和生产效率得到飞跃性的提高。一般来说，基础设施中生产性基础设施的效果主要是间接效果，生活性基础设施的效果主要是直接效果。

（三）关于乘数效果的区域乘数问题

如前所述，大规模基本建设项目的投资将以建筑业为起点，通过产业部门间的投入产出关系使整个经济活动的规模扩大，这一效果称为乘数效果。根据乘数理论，就一个完整的国民经济体系来说，投资的乘数等于1/（1-边际消费倾向），即投资可以创造出1/（1-边际消费倾向）倍于投资额的国民收入。但就一个区域而言，由于区域经济与国民经济相比具有大得多的开放性，投资的乘数效果不会全部发生在区域之内，有一部分将以各种形式"漏出"到区域以外。例如，建设项目所使用的设备、原材料中可能有一部分需要从区域外调入，一部分工程由于承包给区域外的企业从而使这部分工程收入流到区域外等。因此，考虑大规模基本建设项目所在地区的乘数效果时，不能套用对国民经济的投资乘数，而必须使用考虑了各种"漏出"以后的区域乘数。

由于区域乘数的计算方法本身并不是本文所关注的内容，这里不再加以介绍。一般来说，区域乘数的大小与建设项目的性质、区域的产业结构和产业发达程度以及区域范围的大小都有密切的关系。项目所需要投入的原材料、机械设备、劳动力等能够越多地在当地得到满足，项目投资的区域乘数就越大，对推动当地经济发展和人民收入水平提高的作用也就越大。

（四）正效果与负效果

以上的叙述都是就大规模建设项目的正面的、积极的效果而言的。但就像任何事物都有两个方面一样，大规模建设项目，项目在对国民经济建设和推动区域经济发展有着巨大作用和正的效果的同时，一般也都不可避免地存在一些我们希望尽量抑制和减少的消极的、负面的效果。而且由于大规模建设项目一般其正面效果是作用于全国或者比较广阔的地域范围，而负面效果一般局限于项目所在的局部地区，正效果与负效果的波及程度在空间上是不统一的。以大型电站为例，电站所生产的电力通过电网传送为广大地区所利用，但水电站大坝修建所引起的淹没损失、火电站投产以后所产生的烟尘和大气污染等负效果都集中于电站所在的局部地区。对于这种受益与受损的不一致，需要通过合理的利益补偿机制来加以解决。

二 充分利用重要基本建设项目所带来的机遇，推动地区经济的发展

在明确了大型建设项目对所在地区区域经济的影响机制以后，如何充分利用重要基本建设项目所带来的机遇来推动地区经济的发展的问题也就比较容易得出答案了。

首先在项目的建设过程之中,为了使项目投资的乘数效果尽可能多地为项目所在地区所吸收,也就是说是投资的区域乘数尽可能大,需要有意识地在项目开工之前就作好必要的准备工作。比如说,一般大规模建设项目都将对水泥等建材有大量的需求,因此地方政府就应该对当地的建材工业有针对性地进行培植和扶持,促进企业的技术改造,使当地的建材工业产品能够适应和基本满足大规模建设项目的需要。还应该对本地建筑施工队伍进行技术培训,提高技术人员的水平和工人的熟练程度,使施工队伍的整体水平提高档次,以便能够在工程的承包竞争中争取到尽可能多的份额。合理组织和引导针对大规模施工队伍需求的蔬菜、食品以及其他日用消费品的生产和供应,使这部分需求基本上能在当地得到满足,也应当列入考虑之列。这里是对基本思路的举例说明,对具体项目来说应根据其不同特点来考虑最佳的战略对策。

其次,更为重要的是使项目建成后能够发挥最大的设施效果,特别是努力扩大其中独立于直接效果而存在的间接效果部分。这就需要根据项目的性质合理规划和安排各种配套的开发措施和活动,使重要基本建设项目为所在地区带来某些领域的规模经济效益。例如,以大规模的交通设施项目为例,在工业领域,可以考虑在交通线的沿线地区设置工业园区,把一些原来分散布局的工厂企业纳入园区,同时吸引外地的企业入区,以形成新的工业集聚;在商业领域,可以对商业网点重新布局,建设一些新的大型商业网点,促进地区的商业繁荣;在农业领域,可以考虑在沿交通线地区规划面向城市市场的蔬菜等新鲜副食品以及花卉、高档水果等对鲜度要求较高的农副产品的生产基地，提高农副产品生产的附加价值率，从而提高农民的收入水平。

最后，对于那些对全国来说具有重要意义但对所在地区存在明显负效果的大型项目，需要由国家建立合理的利益补偿机制，对项目所在地区进行必要的利益补偿。例如，对于发电站项目，发达国家的做法一般是以向地方政府交纳固定资产税的方式进行补偿。由于大型发电站资产总值巨大，发电站所在地方的政府可以因此而得到稳定而大量的财政收入，地方政府运用这笔财政收入可以开展经济开发和社会福利事业，当地群众的生活福利水平切实得到提高，随着我国财政税制改革的进展，类似于这样的规范的利益补偿机制也必将得到健全和完善。

回顾与点评

本文撰写于 1996 年冬，公开刊发于 1997 年 1 月号的《开发研究》。文章从理论与概念探讨切入，最后落脚到给地方及中央政府"支着儿"上，在本人的"调研报告"中属于比较另类的一篇。其知识背景主要来源于在日本攻读博士学位期间的所学，时代背景则是我国大规模基础设施建设正处于方兴未艾时期。回过头来看，一方面是各地方之间的经济发展竞争已经开启，各地都对吸引投资和项目不遗余力；另一方面从 1998 年住房商品化全面推行之后，"以地生财"开始大行其道，本文所说的那些着儿数相形之下完全成了雕虫小技。

对国家促进老少边穷地区发展政策措施的若干建议

一 老少边穷地区面临的主要困难和问题

（一）地方财政困难，自我发展能力低

在当前我国基层地方财政普遍困难的大背景下，老少边穷地区由于基础差、经济发展水平低，财政困难程度更为严重。根据福建省的调查，2000年，24个原中央苏区县[①]和经济欠发达县的地方财政收入人均只有261元，只相当于全省平均水平的38%。另据国务院发展研究中心农村经济研究部对河南省鄢陵县的一项调查，2000年该县的乡级财政平均负债达7500万元。由于财政收入少、支出负担重，许多县目前连吃饭财政都难以维持，甚至出现了拖欠教师和职工工资的现象。

（二）义务教育经费主要由基层地方财政负担的现行做法，造成了农民负担重、县乡财政入不敷出、义务教育难以真正普及"三难"并存的局面

国务院发展研究中心农村经济研究部2001年进行的一

---

① 中国共产党曾于20世纪30年代初创建了中华苏维埃共和国，成立了临时中央政府，中央苏区指中央苏维埃区域。参见陈荣华、何友良、阎中恒《试论中华苏维埃共和国临时中央政府的诞生及其历史意义》，《江西社会科学》1982年第1期。

项调查显示，在农村义务教育的全部投入中，乡镇一级财政承担了主要责任。在湖北省襄阳县①，农民直接负担的教育投入和乡级财政预算内教育拨款加在一起占到了全县教育经费的80%~90%。由于乡镇承担了农村义务教育费用的绝大部分，而乡镇财政收入的绝大部分又是出自于农民身上，贫困地区的农民收入又十分低下，其结果便是农民感觉负担十分沉重、乡镇财政的入不敷出和义务教育的难以真正实现。而且，由于农业税费是按照村、乡的平均收入计征，结果是收入越低的农户相对负担越重。另外，虽然2001年以来国家在贫困地区实行义务教育阶段收费"一费制"，农村小学每学年每生所有收费最高不超过120元，初中最高不超过230元，但是2002年的收费标准又分别上调为160和260元，这笔费用对于贫困家庭来说仍是一个沉重的负担。再者，国务院于2001年5月发布的《国务院关于基础教育改革与发展的决定》中明确了在义务教育经费负担中"以县为主"的原则，提出：合理安排农村中小学正常运转所需经费，由省级人民政府根据当地农村中小学实际公用经费支出情况，核定本地区该项经费的标准和定额，除从学校按规定收取的杂费中开支外，其余不足部分由县、乡两级人民政府予以安排。但是对于贫困地区的县级政府来说，结果往往是"难以应付"，很难实现这一目标。

---

① 2001年8月31日，经国务院批准，撤销襄阳县，设立襄樊市襄阳区。

（三）支持欠发达地区发展的金融手段尚不完善

目前，我国的扶贫贴息贷款由农业银行发放，但农业银行自20世纪90年代初金融体制改革之后，已经逐步转变成以营利为目的的商业银行，出现了扶贫贷款的政策性与商业化经营的矛盾。信贷资金商业化经营要求经营者优化资源配置，追求利润最大化，而扶贫贷款的政策性要求资金投向贫困地区扶持贫困农户。由于贫困农户没有任何风险抵押，加上其居住分散、管理成本高，农业银行便有意控制直接向贫困农户发放扶贫贷款。结果，相当一部分的信贷扶贫资金没有贷出，已经贷出的扶贫资金也大部分用于支持贫困地区的县办企业和乡镇企业。虽然国家在扶贫政策中要求适当放宽扶贫贷款的条件，但这与目前商业银行的信贷政策不相一致。另外，小额信贷方式虽然在国际上已被广泛采纳，但在我国仍处于试点阶段，相关制度尚不健全。

（四）缺乏针对老区和边疆地区的专门政策

虽然国家在确定扶贫工作重点县的时候在人均收入标准上对老区和边疆地区有所倾斜，但这种倾斜并不能有效地解决老区和边疆地区所特有的一些实际问题。例如，老区的一个突出特点是"三红"（退伍红军老战士、西路红军老战士、红军失散人员）和烈属等优抚对象多，地方财政因此需要支出的优抚负担大，但到2003年，国家在政策上对此仍没有专门考虑。

（五）一些旨在改善生态环境的政策未能顾及贫困人口的利益

为了实现改善生态环境的目标，国家已经从2000年10月起正式实施天然林保护工程，全面停止（长江上游和黄河上中游地区）或大幅度调减天然林采伐。但是在实际操作中，一些地区出现了以下两个问题。一是对由于保护而利益受到损失的有关主体的补偿不充分。在实施有关保护措施以后，原有的林农或森工企业来自森林采伐的收入来源断绝，地方财政的收入也相应减少，受到的损失是显而易见的。一些地区的调查表明，在各类主体中，特别是集体林的林业工人和林农得不到补偿的问题比较突出。如果没有相应的补偿或补偿不够充分，将会引发林农或林业工人收入下降、林区地方政府不能维持有效运行、局部地区经济和社会矛盾激化等一系列严重问题。二是生态公益林的禁伐未能做到合理有度，补偿不够。现在的做法基本上是一刀切地严格禁伐，与国家过去提出的经营者依法享有经营权、收益权的法律规定相矛盾，也与过去鼓励"谁造林、谁所有、谁受益"的政策相冲突。结果出现了包括一些过去知名的造林模范在内的造林者被"套住"、生活来源出现困难的现象。

二 若干政策建议

我们认为，国家针对老少边穷地区的政策的基本取向，在于缩小老少边穷地区与其他地区之间的地区差距。而缩小差距的重点,应放在缩小居民生活福利水平的差距和社会发展水平方面的差距上。经济发展的最终目的是提高民众的生活福利水平。从国际经验来看,消除地区之间经济发展水平的差距几乎是一个不可企及的目标,而通过恰当的政策手段逐步缩小地区间居民的生活福利水平的差距却是比较现实的。当然,在有条件的地方,通过自身的经济发展增强自身的经济实力,是缩小地区差距的最为重要和有效的手段。

基于这样的考虑,本文提出以下一些政策建议。如果按照普适性政策和专门性政策的区分,我们认为现行政策框架体系中,专门性政策需要补充和调整的内容相对较少,因此,政策建议主要集中在普适性政策的领域。

(一)财政政策方面的建议

(1)增加财政扶贫资金、特别是以工代赈资金的投入,加大反贫困力度。2001年,国家投入的扶贫资金为277.65亿元,其中主要包括扶贫贷款185亿元,专项财政扶贫资金50.65亿元,以工代赈资金40亿元。按照新的扶贫战略和下阶段扶贫要求,这一投入难以满足贫困地区的发展需求。应当根据新情况和新任务,按比例适当增加国家的财政扶贫资金、以工代赈资金和贴息贷款规模。

这里值得特别强调的是,今后国家应进一步加大以工代赈资金的投入力度,继续发挥其在反贫困中的重大作用。多年来的实践证明,以工代赈计划适合我国贫困地区资本稀缺、劳动力剩余的资源特征。以工代赈建设在改善贫困地区生产生活条件的同时,也提高了贫困人口的收入水平,促进了当地的经济发展。由于以工代赈资金所面向的是偏僻的贫困乡村，投向最基层，广大贫困农民直接受益，因而受到基层的由衷欢迎，被称之为"德政工程"。而且，由于以工代赈项目的钱款采用类似基本建设项目管理的方式运作，项目由业务部门提交计划委员会，项目物资和资金也由业务部门分发和管理，因此不存在资金挪用的问题。当前，我国还有许多贫困连片地区的农民饮水、用电、通信、上学和行路仍然较难，生态环境脆弱，生存环境恶劣。要改善这种状况，以工代赈应发挥更大的作用。因此，最近一个时期内国家要增加财政扶贫资金投入，首先应该大幅度增加以工代赈资金的投入。为此建议，今后5年中央在现有以工代赈投资规模基础上，逐年以一定比例不断增加以工代赈资金，主要用于贫困地区县乡村基础设施建设，有效改善贫困人口的生存和发展环境。此外，今后在实施以工代赈计划时，还应适当降低地方政府配套资金的比例，以此减轻贫困地区的财政压力，提高以工代赈资金的扶贫效果。

（2）实行对老少边穷地区的义务教育专项转移支付，加大中央财政对义务教育的投入。目前我国的义务教育经费投入是以地方财政为主，中央财政的投入比例过低，导致了在贫困地区出现了一方面地方财政难以应付，另一方面义务教育难以真正落实的问题。《2000年中国教育绿皮书》提供的数字表明，我国目前仍有15%的地区尚未实现"普九"，0.9%的学龄儿童没能上学，11.4%的少年未能进入初中。为改变这种状况，在当前实行的"地方负责，以县为主"

制度框架基础上，应当设立中央对省、省对县的两级义务教育专项转移支付制度，以此来加大中央财政对义务教育的投入，减轻老少边穷地区地方财政和农民的负担，加快普及九年制义务教育的步伐，改善贫困地区的人口素质水平。

（3）对老少边穷地区实行企业投资补贴制度，积极引导民间投资。从一些发达市场经济国家的经验看，投资补贴是中央政府对落后地区援助的一种重要形式。世界贸易组织的《补贴与反补贴措施协议》中，也将对落后地区（人均GDP或人均收入在全国平均水平85%以下，失业率在全国平均水平110%以上）企业的补贴列为"不可起诉的补贴"。实行投资补贴的主要目的，是通过政府补贴将落后地区的资本利润率提高到接近发达地区或者全国的平均水平。在市场经济条件下，如果没有这种补贴，追求利润最大化的民间资本一般不会选择到落后地区投资。很明显，实行企业投资补贴政策，可以充分发挥市场机制的作用，用较少的政府资金引导大量的社会资金，来加快落后地区的开发。因此，应当由中央财政建立企业投资补贴基金，对在老少边穷地区新建、扩建且符合一定条件的企业给予一定比例的投资补贴。当前，可以考虑对农业产业化龙头企业、高新技术产业、精深加工制造业企业给予一定的投资补贴。

（4）对中央与地方以及地方各级政府之间的行政与财政关系进行全面的重新审视。目前，除了部分经济发达地区以外，县乡财政入不敷出的现象十分普遍，在贫困地区就更为突出。这种情况表明，贫困地区的地方政府在正常履行其职能和提供必要的公共服务方面临危机，对于国家总体反贫困和缩小地区差距的努力形成了严峻的挑战。问题的普遍性则表明中央与地方及地方各级政府之间的行政与财政关系存在制度性缺陷。为此，有必要对此进行全面的重新审视，在审视的基础上进行合理重构。结合正在进展或酝酿之中的政府职能转换和行政体制改革，审视的重点应当包括：各级政府的职能分工以及相应的支出义务；为实现职能分工所必需的机构设置；为满足支出义务所需的财源设计；规范合理的财政转移支付制度；等等。

（二）金融政策方面的建议

（1）建立服务于地区发展的政策性金融机构。由于我国目前的扶贫贷款是由商业性银行进行发放，政策性贷款与商业银行的经营目标的矛盾比较突出，政策性贷款不能充分发挥其效用。若干发达国家的经验表明，通过建立为地区政策服务的政策性金融机构，对欠发达地区的产业开发提供贷款支持来弥补欠发达地区的资金缺乏，是一种行之有效的政策手段。根据我国目前的具体情况，可考虑从以下几个方面着手建立为地区发展服务的政策性金融机制：第一，在国家开发银行或农业发展银行中设立地区开发金融部，或设立专门的政策性金融机构，以实现政策性金融与商业性金融的分离，专司管理扶贫贷款的发放，以及为在老少边穷地区创业和从事经营的企业提供融资的业务。第二，为适应地区开发金融业务的特点，强化其作为银行业务的经营，应根据业务需要在地方设置地区开发金融机构的分支机构，以便加强对项目的审查工作，必要时对借贷企业进行经营指导和监督。为降低经营风险，必须杜绝地方行政长官对融资业务的干预，为此应进行合理的制度设计，如对分支机构采取垂直管理等。第三，在支援欠发达地区的经济发展上财政与政策性金融应合理分工。政策性金融机构按照保本经营的原则对项目进行审查和贷款投放，对于无利或亏损，但对地区发展而言又不可缺少的项目由财政采取直接投资或对贷款进行贴息的方式进行支援。中央的财政转移支付中应当有一部分用于对地区开发金融贷款的贴息，这样既可以扩大地区开发金融的运用范围，又可以提高财政资金的利用效率。

（2）对贫困地区的小额信贷要积极引导，规范运作。小额信贷由于其直接照准贫困农户、运作方式灵活、有利于发挥农户自身的积极能动性等特点，已经成为国际反贫困战略所非常侧重的政策手段。我国近年来一些地方的实践也充分证明了其有效性。今后国家应从积极引导和规范运作两方面推进这项工作的开展。一是在小额信贷的资金来源上，国家应积极引导包括国际有偿援助性资金、国内政策性银行、农村合作金融组织等在内的资金参与小额信贷。对于国内资金参与小额信贷，可通过财政资金予以贴息支持，实现财政手段与金融手段的有效结合。二是对具体从事小额信贷发放和管理的基层工作人员应强化其培训工作，提高其素质和业务水平，这是规范小额信贷运作的关键。

（三）改善人力资源方面的政策建议

人力资源是经济社会发展中最重要的资源。人力资源是由具有一定教育水平、健康水平和才能的人们所构成的。与发达地区相比，老少边穷地区的文化和教育相对落后，文盲、半文盲比例高。特别是在一些少数民族地区和贫困地区，人口自然增长较快而人才发展相对较慢，而且高素质的人才仍在不断流出，结果是在人口负担不断加大的同时，与发达地区之间在人力资源方面的差距继续拉大。这已经成为加快老少边穷地区发展的努力所遇到的突出障碍之一。针对这种现状，需要从提高人口素质和抑制人口数量增长两个方面同时做出努力。第一，要采取措施为科技人员在老少边穷地区发挥作用提供必要的激励；可以考虑在中央财政对欠发达地区的转移支付中划出一块专项资金用于提高科技人员的待遇。同时，还应加速老少边穷地区科技体制的改革，使科技人员在科技成果的转化和个人收益的实现方面与发达地区的差距能够尽可能缩小。第二，实行鼓励高校毕业生到老少边穷地区就业的政策，如可以作这样的制度设计：来自老少边穷地区的高校学生可以申请获得助学贷款，毕业后只要在老少边穷地区就业服务满一定年限以上（如4年）就可以免除偿还义务。第三，实行鼓励少数民族人口计划生育的政策。老少边穷地区人口自然增长较快的主要原因在于国家的计划生育政策对少数民族是比较宽松的，同时老少边穷地区在计划生育方面的投入也普遍不足，人口增长过快过猛，不仅抵消了经济增长的成果，而且在一定程度上还成为过度垦殖和生态破坏的直接原因。为扭转这种局面，同时兼顾与民族政策的协调，建议在现行的计划生育政策框架之下迭加以适当的激励措施,鼓励少数民族人口降低生育率,同时还应加大对老少边穷地区计划生育工作的投入。由于目前这方面的投入水平很低,增加这方面的投入将会带来很高的边际效益。

(四)综合性政策方面的建议

(1)加大异地扶贫搬迁工作的力度。异地扶贫搬迁,对于那些"一方水土养不活一方人"的地方来说,既是解决这些地方贫困人口温饱、使其走上脱贫致富的有效途径,又是恢复和保护生态环境的最佳选择。根据对从2001年开始试点的内蒙古和宁夏两地的调查,只要有关各级政府能够做到科学规划、周密组织、加强领导、坚持开发式移民的原则,通过合理的产业选择和培育为移民群众树立安身立命之基,就能够实现"搬得出、稳得住、能致富"的目标。建议国家应尽快对试点工作的经验进行全面的总结和提高,在此基础上加以推广,加大异地扶贫搬迁工作的力度。

(2)搞好政府部门之间的协调和政策措施之间的配套。目前,在促进老少边穷地区发展的实际工作中,存在着政府各部门之间缺乏协调、各项政策措施之间缺乏衔接和配套的问题。例如,在一些贫困地区的生态环境建设中,存在着水利、林业、农业、科技等有关政府部门各搞一摊且工作内容相似、重复的现象。这种现象引发了两方面的问题:一是在涉及作为生态环境建设实施主体的农民的切身利益问题上,各部门之间的补贴标准等方面存在较大差距,影响了农民的积极性;二是一些地方用同一块地的规划建设来应付不同的部门,"一女两嫁"甚或"一女多嫁",使国家有限的资金不能充分发挥其效益。再如,国家林业部门对被划为生态公益林的森林实行"一刀切"的严格禁伐,对于过去由私人承包造林形成的林地而言,就与国家过去提出的经营者依法享有经营权、收益权的法律规定相矛盾,也与过去鼓励"谁造林、谁所有、谁受益"的政策相冲突。为了避免出现这类问题,一方面需要通过制订综合性规划等手段在政府部门之间建立必要的协调机制,另一方面要求有关政府部门在出台新的政策措施时必须注意与已有的政策措施之间的衔接和配套,尤其要注意不能损害农民群众的利益。

(五)专门性政策方面的建议

(1)加大对老区优抚资金的支持。对"三红"人员和革命烈属的优抚支出,是革命老区地方财政面临的区别于其他贫困地区地方财政的一个特殊情况。根据民政部提供的数据,2001年全部优抚支出共63.5亿元,其中中央财政负担约29亿元,其余部分由地方财政负担,省、地、县三级财政大致各负担1/3。优抚支出给老区的地方财政造成了确实的压力。考虑到革命烈士是为全国革命的胜利而献身,对其亲属的补偿由中央财政负担比较合理,以及老区地方财政普遍困难的现实,建议国家调整对"三红"人员和烈属的优抚资金的支出办法,对老区的上述优抚支出统一由中央财政负担。这样做,中央财政支出增加的规模并不大,而且由于自然规律的作用这笔支出将逐渐减少直到完全消失。同时这样做最能充分体现对老区特殊情况的特殊对待。

（2）从国家安全角度出发，加大对边境地区交通基础设施的投入。我国许多边境地区地广人稀，若单纯从经济角度出发，对交通基础设施的投入很难具有合理性。但是，从维护国家主权和领土完整的需要出发，对于现状非常落后的边疆地区的交通基础设施必须加以强化。这些设施从军用的角度出发修建，兼作民用，既满足国防安全的需要，同时也为改善当地居民的生产生活条件服务。

回顾与点评

本文撰写于2003年5月，是笔者受邀参加国家计划委员会地区经济发展司于2002年组织的"我国老少边穷地区发展规划研究"课题的成果之一。课题组赴江西、福建、内蒙古、宁夏等省区进行了实地考察，并利用国家统计局农村调查总队的县（市）社会经济统计数据库，对我国老少边穷地区的发展现状进行了分析比较。另外，还对促进老少边穷地区发展的既往政策框架与主要成就进行了梳理总结。这些成果体现在另外两份未收入本书的报告中，构成了本文的重要基础。现在回过头来看，当年提出的这些对策建议，应该说还是问题抓得准、对策针对性强的。

加快西部农村公共服务发展的重要性与对策建议

加快西部农村公共服务发展是缩小地区差距、城乡差距、构建和谐社会的迫切需要，是实现公共服务均等化目标的题中应有之义。应当把公共服务体系建设作为"十一五"期间西部大开发的重要任务，以推进公共服务均等化为目标，建立规范的财政转移支付制度。同时，还应加强西部农村公共服务体系规划工作，以形成政策合力。国务院西部开发办经济社会组与国务院发展研究中心社会发展部联合开展了"改善西部农村公共服务对策研究"。基于此项研究的成果，我们对加快西部农村公共服务建设提出以下的思考和建议。

一 加快西部农村公共服务发展的重要意义

《中共中央关于制定国民经济和社会发展第十一个五年规划的建议》中，第一次明确地提出了"公共服务均等化"的原则目标。从我国的现实国情来看，实现公共服务均等化目标的重点和难点在于西部农村。在我国进入全面建设小康社会的发展阶段之时，根据公共服务均等化的原则目标，加快西部农村公共服务发展，具有以下几个方面的重要意义。

第一，是实现公共服务均等化目标的必然要求。目前西部农村的公共服务与全国平均水平相比有明显的差距，与东部地区相比更是差距巨大。只有加快西部农村公共服务的发展,使其逐步接近和赶上全国平均水平,才能够实现中央提出的公共服务均等化的目标。

第二,是缩小地区和城乡居民福祉差距、构建和谐社会的需要。缩小居民福祉水平差距最为直接和有效的办法,就是通过政府的干预,实现基本公共服务的均等化。通过制定公共服务的最低标准,保证最低社会保障、基础教育、基本医疗卫生等基本公共服务能够实现全面覆盖,从而实现人人都享有基本公共服务的目标。基本公共服务的全面覆盖不仅对于缩小当期居民福祉差距直接有效,而且更重要的是它还会影响未来的收入差距。教育和医疗卫生等公共服务实际上相当于对人力资本的投资,影响未来时期劳动力的素质,从而影响未来的劳动收益水平。

第三,是深入推进西部大开发的需要。自2000年开始实施西部大开发战略以来,西部地区在基础设施建设改善生态环境、发展科教事业、培育特色产业等方面都取得了显著的成果。为了在既有成果的基础上进一步推动西部大开发,落实党中央提出的以人为本、全面、协调、可持续的科学发展观,有必要对西部大开发的战略重点进行重新审视。应当看到,在大型基础设施和生态环境等条件有了明显改善的同时,一些与居民日常生活及发展能力密切相关的领域的落后面貌显得更加突出,饮水难、行路难、看病难、就学难和精神生活单调等问题在西部农村仍然比较普遍。通过改善西部农村公共服务,全面提高西部地区农民的生活质量、福利水平和增强其发展能力应该成为西部大开发下一阶段的重要任务。

第四，是维护民族团结和边疆稳定的需要。对于实现公共服务均等化的目标而言，最为薄弱、从而需要加以重点推进的是西部农村地区。而西部农村地区既是少数民族聚居区分布最为广泛的地区，也有相当大的范围属于边疆地区。因此，消除这一地区的基本公共服务与其他地区之间的差距，实现基本公共服务的均等化，不仅是全面建设小康社会的客观需要，同时也是维护民族团结和边疆稳定的迫切需要。

二 西部农村公共服务亟待改善

关于公共服务各个领域的调查与统计分析表明，我国目前公共服务的地区差距和城乡差距巨大，并突出地表现在西部的农村地区。这里以下列五个领域的情况来说明这一事实。

（一）农村基础设施

目前西部地区尚有11494万人没有实现饮水安全，其中，水质不安全人口6724万人，水量、用水方便程度或供水保证率不达标人口4770万人。全国不通公路的乡镇82.0%在西部地区，不通公路的行政村52.8%在西部地区；尚有1065个乡镇、51426个建制村不通客运班车，分别占全国不通客运班车乡镇与建制村数的86.4%和44.0%。运输网的密度大约只有全国平均水平的1/3左右，农村交通条件较差，道路等级低、路况差，大部分为砂石路面，严重制约农村经济发展[1]。

（二）农村教育

西部地区农村教育水平和全国平均水平相比还存在较大差距，主要体现在"两基"人口覆盖率[2]、人均受教育年限、各级学校入学率、生均教育经费、小学和初中辍学率等指标上。西部地区 15 岁以上人口中完全不能读懂一封普通书信的居民占 25.9%[3]。在一些边远地区、山区、牧区和贫困地区，目前还远未实现"两基"目标，适龄儿童未入学率有的还高达 30% 以上，特别是女童的入学率更低。作为培养实用性人才的中等职业教育也未得到应有的发展。农村义务教育的投入体制仍很不健全。如何"保工资、保运转、保安全（危房改造）"成为西部地区农村中小学校一直面临的一个突出问题。

（三）农村卫生服务

西部农村公共卫生主要指标明显低于全国平均水平，贫困农村居民卫生服务可及性和可得性较差；农村医疗服务利用明显不足，有病未治疗的比例高于全国平均值大约 5 个百分点，应住院未住院的比例高于全国平均水平 10 个百分点

---

[1] 林家彬：《西部大调查：正确的决策源于正确的事实判断——西部大调查点评》，《科技中国》2005 年第 11 期，第 46~47 页。

[2] 实现"基本普及九年义务教育、基本扫除青壮年文盲"的县（包括县级行政单位）的人口数之和占本地区总人口数的比重。

[3] 赵延东、邓大胜：《西部大调查——西部教育：任重而道远》，《科技中国》2005 年第 11 期，第 30~35 页。

以上①；乡镇卫生院运行艰难，效率低下，村级卫生室又以私人所有为主，财政资金几乎触及不到村级卫生室。从每千人口平均拥有的医生数、卫生院床位数比较，西部比其他地区并不低，但是西部地区地域辽阔，卫生资金投入相对不足，而且多数卫生资源集中在城市，以致广大农村医疗条件很差，特别是乡村卫生站设施简陋，医疗设备不足，卫生技术人才缺乏，山区和贫困地区更严重，人口死亡率高，人均预期寿命低，全国平均预期寿命最低的8个省（区、市）全部在西部地区。根据《2005年中国卫生统计年鉴》资料，西部地区大部省（区、市）2000年时的人均期望寿命达不到全国1981年时候的水平，相差近20年。

（四）计划生育

现有计划生育服务机构所能提供的服务项目和水平十分有限，不能满足群众需求；服务机构与东部地区相比条件简陋；人员素质与结构造成服务能力不足；经费投入缺口大，独生子女奖励政策难以落实。一些边远贫困地区的人口自然增长率一直居高不下，而实际数字可能比上报公布数字还要高出很多。

（五）基层文化设施

根据文化部社会文化司2004年组织的农村文化建设专题调研，在一些西部贫困地区，国办乡镇文化站已经完全消失，农村文化设施数量与20世纪80年代相比呈现不同程度

---

① 数据来自"第三次国家卫生服务调查和西部卫生扩大调查"。

的下降趋势。农村文化单位业务经费难以得到保证，许多乡镇文化站没有经费预算或经费投入偏少，有的乡镇甚至连人员工资都无法开支。

三 西部农村公共服务发展面临的主要困难

当前，西部农村公共服务的发展主要面临着以下几个方面的困难和问题。

（一）西部农村地区基层财政的普遍匮乏

首先，西部地区与东部地区之间在人均财力上的差距巨大。2003年，东部地区的人均财力为西部地区的2.15倍。其次，1994年以来实施的分税制改革，使财力日益向上集中，事权却逐渐下移，加之缺乏有效的财力性转移支付，使得落后地区县乡财政处于普遍的困境之中，西部农村地区状况尤甚。而许多公共服务项目是由中央政府制定全国统一的标准，实际财政支出责任却主要由地方承担，导致了西部农村公共服务投入的必然不足。最后，近年来实施的农村税费改革，使乡镇政府丧失了重要的资金来源渠道，在高端财政转移支付不足的情况下，乡镇政府提供乡村公共产品的能力受到很大影响。

（二）村民委员会缺乏提供农村公共服务所需的资金来源

1987年通过的《中华人民共和国村民委员会组织法（试行）》中确立了在农村基层实行村民自治的原则。推行村民自治的初衷，是为了解决以家庭承包责任制为核心的非集体化改革带来的农村公共产品供给不足问题。但是,村民委员会没有独立的公共财政权,筹集资金的主要途径只能有二,一是直接向农民摊派,二是要求村办企业提供。在西部农村地村办企业很少,集体经济几乎是个空壳。而向农民的摊派又因农村税费改革而终结,这就使得西部农村地区的村民委员会基本上丧失了提供公共服务的能力。

(三) 西部地区农村公共服务的供给需要更高的成本

首先,在地广人稀的西北地区,农村人口高度分数,导致单位网络服务人口少,使得道路、电力、通信等网络型基础设施的人均供给成本要大大高于其他地区。医疗和教育等方面的设施也由于服务人口少而使平均服务成本提高。其次,在少数民族聚居地区,多民族多语言的因素导致相关费用额外增加。以新疆为例,新疆的少数民族人口占总人口的 61.2%,有汉、维吾尔、哈萨克、回、柯尔克孜、蒙古等 13 个世居民族[1],由此导致新疆在政府行文、出版、印刷、电视、广播以及教育等方面都应用几种语言文字。新疆由此在这方面额外增加了相关费用,是全国平均水平的 2~3 倍。另外,相当一部分西部地区的气候等自然环境相对恶劣,这也使得维持公共服务的成本相应增加。我国现行的一些领域的公共服务供给方案中,没有充分考虑这些因素,成本估计不足成为制约西部农村地区公共服务供给的制度性因素。

---

[1] 彭融:《20 世纪新疆中等城市与区域发展研究》,四川大学,2003。

四 "十一五"期间改善西部地区农村公共服务供给的对策建议

（一）把公共服务体系建设作为"十一五"期间西部大开发的重要任务

虽然西部大开发战略实施7年来的成效是明显的，但在推进西部地区建设全面小康社会进程中还面临不少困难和问题，尤其是农村公共服务事业发展滞后，成为制约西部地区经济社会发展的瓶颈。上学难、看病难、饮水难、行路难等现象在西部农村地区非常突出。因此，要按照党中央提出的"公共服务均等化"原则，以及把建设社会主义新农村作为我国现代化进程的一项重要任务的要求，把加强西部地区农村公共服务体系建设、推进公共服务均等化，放到西部大开发的突出位置。在努力提高农业综合生产能力的同时，要下大力气加强农村基础设施建设、基础教育建设、以乡镇卫生院为主的医疗卫生设施建设，建立和完善农村新型合作医疗制度和医疗救助制度，建设基层计划生育网络等。

（二）加快政府职能转变，建设公共服务型政府

由偏重经济建设转向更重视公共服务，是政府职能转变的一项重要内容。但就现状而言，各级政府往往偏重经济建设，社会事业发展常常被摆到"配角"的地位。政府管理经常存在的两个误区是：一是作为经济发展的主体力量，起主导作用；二是把本应由政府或政府为主提供的某些公共产品，如农村公共卫生和基础医疗，推向市场、推向社会。政

府直接用于经济建设领域的费用明显偏高,而用于社会服务的费用仍然偏低。因此,必须大大强化政府的公共服务职能,确立政府在提供公共服务中的主体地位和主导作用。要通过基本公共服务的有效供给使全体人民能够有效地分享发展的成果。

(三)以推进公共服务均等化为目标,建立规范的财政转移支付制度

我国已经初步构建起由税收返还、专项补助和一般性转移支付等多种形式组成的转移支付体系。但目前财政转移支付只是缩小了地区间的财力差距,缩小地区间公共服务水平的差距并不明显。原因在于:一是转移支付总量并不少,但结构不合理。在当前的转移支付体系中,税收返还占据最大的份额。二是专项补助资金多头管理,如同"撒胡椒面",使用效益差。三是项目资金在使用上浪费严重,相当一部分变成了人员经费。建议进一步规范财政转移支付制度,在转移支付的结构安排上,一是要根据地区间人口、经济、财力和支出标准等因素,设置一般均等化转移支付项目和指标;二是根据国家产业政策、经济目标和阶段性任务,设置专项转移支付项目和指标;三是根据区域间经济、财力的不平衡程度和省以下政府的公共服务水平,设置横向均等化转移支付项目和指标。当前,要在提高转移支付总量的基础上,加大中央财政对中西部地区转移支付的力度和省级财政对县级财政转移支付的力度。在因素选择和权重设定上,应充分考虑中西部地区及其县

级财政的困难问题，对多年来受工农产品价格剪刀差不利影响及为我国工业化发展作过巨大贡献的农业地区和中西部地区，给予体制性倾斜支持。在专项转移支付上，重点解决西部农村公共服务体系发展滞后问题。

（四）加强西部农村公共服务体系规划工作，形成政策合力

加强西部农村公共服务体系建设是一个复杂的系统工程，涉及面广、部门多、建设内容多，迫切需要统一协调。目前，我国中央财政转移支付资金是多头管理，特别是专项资金，除了财政部代表中央政府实施对地方政府的转移支付外，很多中央部门都有本系统内部规模不等的专项资金。转移支付资金多头审批，管理分散，降低了财政资金整体效能，转移支付资金被挤占、挪用、截留等现象更是屡见不鲜。另外，在农村公共服务体系的建设中，也存在着不同的政府部门各搞一套，但工作内容相似、重复的现象。这种现象引发了两方面的问题：一是在涉及农民的切身利益问题上，各部门之间的补贴或补偿标准往往存在较大差距，相互攀比引发矛盾，影响农民的积极性；二是一些地方用同一个项目的规划建设来应付不同的部门，"一女两嫁"甚或"一女多嫁"，使国家有限的资金不能充分发挥其效益。为避免这种情况，必须要统筹兼顾，合理规划，将目前分散在各部门的资金、项目纳入统一规划中，形成合力。同时，要加强综合协调工作，确保责任明确，措施到位，按照十六届五中全会提出的建设社会主义新农村的要求，扎实稳步地加以推进。

（五）在建设社会主义新农村的过程中，注重村级基础设施的改善

在我国巨大的城乡差距之中，最为突出的是村级基础设施的落后。村路、水渠、卫生、教育、文化体育、自来水等基础或公共服务设施残破凋敝、功能缺失，导致行路难、用水难、就医难、上学难等现象在农村地区比较普遍，在经济相对落后的西部地区就更为显著。村级基础设施发展的滞后严重制约着农村经济社会的发展和农民生活质量的提高。没有农村的全面小康，就不会有全社会的全面小康。要全面建设小康社会，就要千方百计加快村级基础设施建设、推动农村公益事业发展。应充分借鉴韩国新农村运动的成功经验，在建设社会主义新农村的过程中，采取政府提供援助、村民自主选择、自助努力（投工投劳）的方式，使村级基础设施的面貌得到普遍的改善，使农民得到符合自己意愿的、看得见摸得着的好处。应当使社会主义新农村建设成为实现村级公共服务水平均等化的重要推动力。

（六）与推进城镇化发展相结合，提高公共服务的提供效率

我国已经进入了工业化、城镇化快速发展的阶段，人口向城镇集中的趋势日益明显。《"十一五"规划纲要》指出，"要重点发展现有城市、县城及有条件的建制镇，成为本地区集聚经济、人口和提供公共服务的中心"。空间经济学关于规模经济的原理告诉我们，只有在一定人口规模以上的城镇地区，较大规模和较高水平的公共服务设施才具

有经济上的可行性。从统筹城乡协调发展的角度出发，必须对城市和农村居民点的建设进行合理的统一规划和布局，协调城乡基础设施、公共服务设施的建设，在加强城镇建设的同时大力促进新农村建设，推进区域范围内基础设施的共建共享、配套衔接。这是提高公共服务提供效率的重要途径。

（七）与易地扶贫搬迁相结合，降低公共服务的提供成本

一般而言，如果人口居住过于分散，以人均计算的公共服务提供成本就会过高，丧失经济上的可行性。因此，在人口居住过于分散的地区，改善农村公共服务的工作应与易地扶贫搬迁紧密结合起来，一方面使易地搬迁成为移民人群改善公共服务享有水平的重要契机，另一方面有效地降低公共服务的提供成本，提高公共服务的供给效率。我国西部农村地区地广人稀，很多地方自然环境从宜居标准来看比较恶劣，这种战略的重要性和普适性是很明显的。"搬得出、稳得住、逐步能致富"的易地扶贫目标，与公共服务水平均等化的目标完全应当实现高度的一致。

（八）与促进农村居民的组织化相结合，改善农村公共服务的需求表达机制与监管护机制

针对目前西部地区农村居民普遍缺乏组织、缺乏有效的利益诉求表达渠道，从而也缺乏对公共服务需求的表达渠道、缺乏对农村基础设施进行日常维护和监管的主体的现状，需要与促进农村居民的组织化相结合，改善其对农村公共服务的需求表达机制，并建立必要的监管和维护机

制,从而使农村公共服务的提供能够更加有效地瞄准农村居民最为迫切的需求,并使作为农村公共服务物质载体的基础设施能够得到有效的监管和维护,提高农村公共服务的提供效率。组织化也是增强农民发展能力的重要途径。政府应该为农村居民的自组织化提供法律和政策支持,同时还可以发动一些社会力量,向农民提供相应的组织技能和智力支持。

(九)与以工代赈计划相结合,在改善农村公共服务的同时为农村反贫困做出贡献

以工代赈计划是一项旨在改善贫困地区基础设施,同时为当地农民提供就业机会,从而提高农民收入水平的扶贫政策。其内涵可以概括为:以救济为手段,以加强贫困地区的基础设施为内容,以缓解和最终消除贫困为目的,通过实物投入方式,贫困地区基础设施条件得以改善,从而可为其经济的发展创造一个相对良好的外部环境,进而刺激其自我发展。《中国农村扶贫开发纲要(2011—2020年)》中提出,"大力实施以工代赈"。由于改善西部农村公共服务体系需要大量的相关基础设施建设,应当与以工代赈计划有机地结合起来,以便在改善贫困地区生产生活条件的同时,提高贫困人口的收入水平,促进当地的经济发展。而且,通过农村公共服务体系建设与以工代赈计划的结合,可以更多地体现西部农村居民在公共服务体系建设中的主体地位,并有利于参与者工作技能的提升,成为有利于其未来发展的人力资本投资。

回顾与点评

本文撰写于 2007 年春，是以本人主持的由国务院西部开发办公室经济社会组委托的研究课题"改善西部农村公共服务对策研究"的课题报告为基础完成的。在该课题的研究过程中，尽最大可能地运用了针对西部地区的经济社会各领域的专项调查成果，务求做到论据充分。该课题成果获得了 2007 年"中国发展研究奖"的一等奖。

现在回过头来看，当时对西部农村地区人口大量外出务工及其对于公共服务供给所带来的相应影响未给予足够的关注和研究，是一个明显的缺憾。

日本国土规划的演进历程及其启示

我国首个全国国土规划《全国国土规划纲要（2016～2030年）》于2017年初正式印发。2018年3月机构改革之后，国家层面的全部空间规划职能都被整合到新成立的自然资源部之中。不久前，自然资源部已经启动了新一轮全国国土规划纲要的编制工作。

日本是一个高度重视国土规划工作的国家，其相关经验一向为我国的空间规划学界所看重[①]。本文在这些研究的基础上，着重从规划的理念、目标、主要实现路径等角度出发，对长达近70年的日本国土规划的演进历程进行梳理，分析这些规划的核心内容与时代背景之间的关系，以期得出对我国新一轮国土规划编制工作可资借鉴的启示。另外需要说明的是，虽然日本的国土规划体系中还包括国土利用规划，但本文中对其不作涉及。

一　"全综"之前的国土规划：特定区域综合开发规划

虽然日本于1950年就制定了《国土综合开发法》，但

---

① 谭纵波、高浩歌：《日本国土利用规划概观》，《国际城市规划》2018年第33（06）期；翟国方：《日本国土规划的演变及启示》，《国际城市规划》2009年第24（04）期；潘海霞：《日本国土规划的发展及借鉴意义》，《国外城市规划》2006年第3期；林家彬：《日本国土政策及规划的最新动向及其启示》，《城市规划汇刊》2004年第6期。

依据该法制定的第一个全国国土开发规划直到1962年才出台①。在"全综"出台之前，体现国家的国土开发与管理的方针和目标的，是1953年出台的《特定区域综合开发规划》。由于该规划的编制工作启动时（1951年）日本的实际治权尚在占领军司令部（GHQ）②手中，实际从事规划编制的核心人员是经济安定本部中具有美国留学经历者（如都留重人等），该规划在理念上深受美国田纳西河流域综合开发经验的影响。该规划指定了21个以河流流域为单元的区域作为"特定区域"，规划的主要目标有三，分别是防洪防涝、增产粮食和发展水电。这三大目标实际反映了当时日本所面临三个方面亟待解决的问题：一是洪涝灾害频仍，二是粮食匮乏、农村普遍贫困，三是电力紧缺。从规划的实施效果来看，在解决上述三方面问题上收效是明显的。一是通过防洪工程的建设，这些流域后来很少再有大规模的洪灾发生；二是通过建设灌溉设施和实施农田整治，粮食产量显著提高；三是通过水电站的建设保证了工业化发展所需电力的供给。

实际上，稍晚于《特定区域综合开发规划》的出台，1954年日本的经济审议厅还曾制定过一个"综合开发构

---

① 即1962年《全国国土综合开发规划》，本书中简称"全综"。
② 第二次世界大战后，为执行美国政府"单独占领日本"的政策，麦克阿瑟将军以"驻日盟军总司令"的名义在日本东京建立了盟军最高司令官总司令部，简称"占领军司令部"。"GHQ"为"General Headquarters"简称。

想"。该构想以 1952 年为基准年，以 1965 年为目标年，以给持续增加的人口提供就业机会和在一定程度上提高生活水平为目标，描述了所需的国土开发、利用和保护的规模。但该规划仅仅是一个对民间部门进行引导的宏观规划，基本未涉及政府的职责，未经内阁审议便被搁置起来。不过，该构想制定过程中所运用的规划方式为后来的经济计划和国土规划所继承。

二 全国国土综合开发规划

（一）1962年《全国国土综合开发规划》

根据在日本的国土规划工作中曾长期发挥核心作用的下河边淳的讲述，之所以在 1950 年《国土综合开发法》公布实施之后第一个"全综"迟迟未能出台，主要有两个方面的原因。一是 20 世纪 50 年代国内外形势急剧变化，难以对未来进行预测。例如，朝鲜战争的爆发为日本带来了"特需"，但这种"特需"能维持多久无法预测。二是在规划的方法论上，曾试图采取"自下而上"的方法，即首先让各都道府县制定各自的发展规划，然后再由中央政府的规划部门对各地方的规划进行汇总整合。但各地方所给出的人口和产业发展目标存在普遍的过高预期，缺乏经验的中央规划部门在整合上遇到困难。

直到 1960 年日本政府的《国民收入倍增计划》出台，才为"全综"的制定提供了抓手和动力。由于《国民收入倍增计划》的规划期为 10 年，"全综"在制定时就有了经济总量目标的依据。"全综"以1970年作为目标年，就是为了与《国民收入倍增计划》的目标年相一致。在产业的空间布局上与《国民收入倍增计划》相配合，则成为"全综"的主要任务。不过，这种配合主要是以通过对产业布局的空间引导，尽可能削减市场力量所带来的负面影响的形式体现的。

"全综"制定时日本所面临的时代背景是，国民经济完成战后复兴已经进入高速增长阶段，与此同时人口与产业向东京等大城市集中的趋势明显，开始出现大城市地区"过密"和部分农村地区"过疏"的现象，地区差距开始拉大。另外，《国民收入倍增计划》提出了"太平洋沿岸经济带构想"，其核心思路是依托太平洋沿岸的东京湾、伊势湾和濑户内海地区发展以进口资源为原料的加工工业。这一构想引发了对地区差距扩大的广泛担心。在这样的背景下，"全综"将"地区间均衡发展"作为其基本目标，并提出以"据点开发方式"作为具体实现路径。在实施上，先后指定了15个"新产业城市"和6个"工业整备特别地区"作为产业开发的重点区域。在选定"新产业城市"时，基本上避开了太平洋沿岸地区。

"全综"还将国土划分为三种不同的类型区，即"过密区域""整备区域""开发区域"，针对三类区域提出了不同的方针。在"过密区域"，限制工厂的新建和扩建，鼓励工厂向区外转移，优化城市功能的配置。在"整备区域"，有计划地引导工业进入，并设定中等规模的城市作为开发的据点。在"开发区域"，积极地促进开发。

(二) 1969年《全国国土综合开发规划》①

在整个20世纪60年代，日本经济基本上维持了10%左右的年增长率，在市场力量的作用下引发了人口与产业进一步向大城市集中，城市问题开始受到广泛关注。在这样的背景下，执政的自民党在田中角荣的主导下于1967年成立了"城市政策调查会"，着手制定"城市政策大纲"。负责起草工作的田中角荣的秘书班子组织了由来自相关政府部门的工作人员共同组成的研究会进行商讨（下河边淳也是成员之一）。自民党于1968年5月发布了该"城市政策大纲"。由于"新全综"的制定与"城市政策大纲"的制定几乎同时启动，又有核心人员的重叠，因此"新全综"在很大程度上反映了"城市政策大纲"的核心思想。

"新全综"于1969年5月底经内阁审议通过。其基本目标可表述为"创造以人为本的理想环境"，包括四个方面的内容：一是人与自然的长期协调和自然的永久保护；二是构建开发的基础条件使开发的可能性扩展到全部国土并实现均衡；三是在开发建设中充分发挥各地方的特性，实现国土利用的重构和高效化；四是创造安全、舒适、有文化底蕴的环境条件。"新全综"提出了"大工程构想"作为具体实现路径。"大工程"大体分为三类，第一类是新干线、机场等构成新交通通信网络的工程；第二类是产业开发工程，包括大规模工业基地、大规模粮食生产基地、大规模旅游基地

---

① 本书中简称"新全综"。

等；第三类是环境保护和修复工程。并且，根据项目的成熟程度，按照已经决定实施、处于实施准备阶段、还停留在构想阶段三种类型在表述上做了区分。"新全综"同时还提出了"广域生活圈构想"，即在每一个广域生活圈围绕其中心城市建设与圈内各地区相通达的交通体系，以广域生活圈为单位提升整体生活环境。但这一构想更多地属于号召的层面，并未引起社会的广泛关注。

关于"新全综"与"全综"的不同之处，下河边淳指出主要有如下三个方面。一是"全综"依托于"国民收入倍增计划"，并主要从实现区域经济均衡发展的角度出发提出相关举措。而"新全综"则没有这样的依托，独立地对未来20年的发展前景进行展望，在此基础上提出当前应当完成的主要任务。二是"全综"考虑问题的出发点侧重于区域经济，而"新全综"则是从土地利用、国民生活和国民经济三个角度出发综合进行考虑。三是"全综"仅仅局限于对民间投资提出引导方向，对政府自身要做的事情则基本未做表述。"新全综"则通过"大工程构想"，将政府在基础设施建设等领域要做的事情给出了明确的方向。另外，时代背景的变化也在其中有明显的体现，"全综"并未提及的信息化、环境保护和休闲旅游等问题在"新全综"里都有所论及。

（三）1977年《全国国土综合开发规划》[①]

"新全综"出台之后，日本经历了一系列的重大环境变

---

① 本书中简称"三全综"。

化。一是不断累积的环境污染问题引发了全社会的强烈关注,1970年日本召开了史称"公害国会"的临时国会,审议通过了14项环保相关法律,1971年日本政府设立了环境厅。二是1973年第一次石油危机爆发之后,日本经济告别高速增长时代,经济增速下了一个台阶。三是受田中角荣在就任首相前夕的1972年6月出版的《日本列岛改造论》等因素的影响,房地产投机盛行导致房地产价格飞涨,房地产问题成为重大的社会问题。这些重大环境变化使"新全综"的实施遭遇挫折：一方面规划的大规模工业基地或者因为当地居民的抵制而无法落地,或者由于需求的减少导致企业放弃投资建厂计划;另一方面规划的大规模交通基础设施建设也由于政府财政收入的减少而不得不延期或缩小规模。

在这样的背景下,对国土政策需要进行全面的反思和深入研究成为一种共识,相关工作是以经济企划厅于1972年8月启动的对"新全综"的全面评估的形式开展的。全面评估工作持续了将近5年的时间,先后发布了"超大城市问题及其对策""土地问题及其对策""地方城市问题""自然环境的保育""规划的框架——人口与经济增长""农林水产业及其对策"等研究报告。在评估工作进展过程中,日本政府于1974年6月设立了国土厅,将原经济企划厅中负责制定国土规划的开发局整体划入国土厅。约1年之后,"三全综"的制定工作由国土厅正式启动。因此,对"新全综"的评估实际上成为"三全综"制定的前期工作,通过评估很好地认识到了"新全综"的不足以及制定"三全综"

时的改进方向。

"三全综"公布于1977年11月，以1975年为基年，规划期大体10年，展望到2000年。"三全综"提出以"建设综合人居环境"为基本目标，并提出"定居构想"作为其实现路径。具体表述为："以有限的国土资源为前提，在发挥地方特色的同时，植根于传统历史文化，有计划地建设人与自然协调的、有安定感的、健康的、充满文化气息的综合人居环境"。该构想提出在全国形成200～300个定居圈，并指定了44个"示范定居圈"。

根据下河边淳（制定"三全综"时身为国土厅的首任规划局长）的自述，"三全综"与前两个"全综"的最大区别在于，前两个"全综"追求的是经济效率，强调的是国土资源的开发，而"三全综"更多的是从人与国土的关系角度出发考虑问题，重视发挥地方的特色和保护生态环境。另外，前两个"全综"更多地给人以中央集权型的强势推进的形象，而"三全综"则给人以相对柔和、尊重地方意愿的形象。实际上，国土厅在着手制定"三全综"时将发挥核心作用的国土综合开发审议会进行了大换血，吸收了知名的文化学者和生态学者担任委员。这种变化，反映了国民价值观的变化以及社会舆论对前两个"全综"的反思和批评。

（四）1987年《全国国土综合开发规划》[①]

在"三全综"公布实施的四年之后，日本国土审议会

---

① 本书中简称"四全综"。

于 1981 年 9 月开始了对"三全综"的实施评估工作，并于两年之后的 1983 年 10 月发布了评估报告，随即启动了制定"四全综"的工作。

20 世纪 80 年代中期，日本在国土规划领域面临的基本背景主要包括以下几个方面。一是人口和产业向东京单极集中的趋势明显，经济全球化和信息化成为集中的主要动因。东京以占全国 1.1% 的可居住面积，集中了全国人口的 9.6%、GDP 的 17.2%、外资企业法人的 87.6%、东京证券交易所上市公司数量的 57.5%、信息服务业年营业额的 56.8%、批发商业年销售额的 36.7%。二是房地产价格经历了 60 年代初期以来的第三轮快速上涨，东京圈的住宅价格 1986 年比上年增长 21.5%，1987 年比 1986 年又增长了 68.6%，两年翻了一番。三是在大城市圈以外的许多地方都出现了人口与就业机会的进一步减少，特别是一些农村地区开始出现难以维持正常住区功能的严重问题。

针对这些问题，"四全综"提出了构建"多极分散型"国土的目标，主要包括两个方面的内容：一是矫正人口和产业向东京单极集中的趋势，二是对地方圈进行有重点的战略性建设。作为具体实现路径，"四全综"则提出了"交流网络构想"，其核心思想是：通过建设交通与信息通信体系、创造交流的机会，为推进以地方为主导的地区发展打下基础。具体推进措施如下，日本 1988 年颁布了《多极分散型国土形成促进法》，提出了搬迁中央政府的若干机构、实施振兴据点区域制度、建设业务核心城市等举措。

区域经济发展篇

"四全综"在基础设施建设领域提出了两个方面的重点，一是服务于地方圈产业振兴的项目，包括产业与技术据点的形成、大规模高产农田的建设、大规模旅游休闲目的地的建设等。二是服务于国际交通和城市建设的项目，包括在东京湾和大阪湾沿岸地带建设世界城市功能、建设关西学园城市、建设国际机场和外贸港口、在地方枢纽城市促进高层次城市功能的集聚等。

"四全综"的制定过程中，经历了来自"上"和"下"两股力量的重要影响。"上"指的是当时的中曾根首相。当国土厅长官向中曾根首相汇报"四全综"草案时，中曾根明确指示要把国际城市东京的地位和功能讲清楚。根据下河边的回忆，中曾根要求以东京的国际化和发挥民间活力这两大方向作为"四全综"的核心内容。于是，国土厅组建了"国土政策恳谈会"，于1986年12月提交了将东京定位于国际金融信息城市的中间报告。但这一报告受到以熊本县知事细川护熙为代表的地方圈各县知事的强烈批评，认为是对东京单极集中趋势的默认和放任。这些批评意见被称作来自"下"的力量。前述《多极分散型国土形成促进法》的颁布实施，在很大程度上可以认为是吸收了这种批评意见的结果。

（五）1998年"21世纪国土的宏伟蓝图"

在"四全综"公布实施7年之后，日本国土审议会于1994年11月启动了制定新一轮国土规划的工作。本来按照正常排序应该叫作"五全综"，但考虑到根据形势的变化，

·85·

需要制定替代《国土综合开发法》的新法，新一轮国土规划将是依据《国土综合开发法》制定的最后一个国土规划，以及临近世纪之交，期望对国土的未来进行更加长远的展望等因素，这一轮国土规划最后定名为"21世纪国土的宏伟蓝图"（以下简称"蓝图"）。

根据参与了本轮规划制定工作的核心专家之一矢田俊文教授的叙述，1995年12月时规划的大纲已经形成并经国土审议会通过。但1996年1月桥本龙太郎就任首相，在他的主导下日本政府开始实施大规模的行政与财政改革，为削减财政赤字而缩减财政开支是其中的一个重要方面。在这样的背景下，包括了诸多公共投资相关内容的国土规划需要与之相适应，因此规划的正式公布实施被拖到了1998年的3月。

与前几轮"全综"相比，"蓝图"用了更多的篇幅来分析国土规划面临的大变局，列举了以下四个方面：①国民价值观的变化，②全球化的进展，③即将进入人口减少时代以及人口的老龄化，④高度信息化社会的到来。在此基础上，阐述了促进国土空间结构转变的必要性，即需要从既往那种以东京为塔尖的金字塔结构向基于"自立"和"互补"的水平网络结构转变；从单极单轴型向多轴交流型的国土空间结构转变。"蓝图"指出，20世纪中影响国土空间结构形成的主导因素是人口和工业，而进入21世纪，气候与地理特性、交流的历史积累和文化遗产、生态系统网络及自然环境的一体性等因素的影响力将会增大。

"蓝图"与前几轮"全综"在规划的基本理念上有了重

大的变化。过去的"全综"都是以"国土的均衡发展"作为基本理念，而"蓝图"的基本理念是各地方"有特色的发展"。另外，提出了"国土轴"的概念也是其有别于以往"全综"的一大特征。具体而言，"蓝图"提出了建设东北国土轴、日本海国土轴、太平洋新国土轴、西日本国土轴这四大国土轴的构想，并以此来实现多轴交流型的国土空间结构。

作为实现规划目标的具体手段，"蓝图"提出了四大任务：①在中小城市和农村地区，创造拥有丰富自然的人类住区；②在大城市地区，重点是城市空间的修复与更新；③开展跨都道府县行政区划的地区间协作；④促进广域国际交流圈的形成。

值得顺便一提的是，"蓝图"在制定过程中对中国经济的高速发展给予了很高的关注，如何更有效地分享中国经济的增长动能是"蓝图"编制者们考虑的一个重要议题，为此国土审议会的核心专家们曾专程赴中国进行调研。

三 国土形成规划

（一）2008年《国土形成规划》

如前所述，在"蓝图"制定之时对《国土综合开发法》进行更新换代的工作已经被提上议事日程。其基本背景大致包括如下几个方面。一是随着经济进入低速增长阶段和人口规模即将进入缩小阶段，大规模的国土开发建设时期已成过去。二是既往的"全综"均以国土的均衡发展作为基本理念，在此指向下的基础设施建设投资分配各地方大同小异，导致地方的发展缺乏特色甚至是丧失了个性,对此来自学界和地方的批评颇多。三是来自地方政府的要求推进地方分权、提高地方自治水平的呼声日益高涨。四是提高国土质量、有效利用社会资本存量、提高对于自然灾害的安全性等成为对国土规划的新的需求。在这样的背景下,日本于2005年制定了替代原《国土综合开发法》的《国土形成规划法》。依据该法制定的首个国土形成规划于2008年7月公布实施。

该规划以10年为期,将地方自立发展、实现美丽宜居国土作为规划目标,提出了如下的五大战略。①提高实现与东亚地区之间人流、物流、信息流的顺畅流动和生产协作,吸收东亚地区的增长动能。②实现地方的可持续发展,使从城市到农山渔村的各类地区都能够保持活力与个性,维持生活的基础。③形成对灾害强韧的国土,充实应对灾害的硬件和软件的一体化建设。④为形成可持续的国土,强化对美丽国土的管理与传承。⑤为推进上述4个目标的实现,促进多元主体之间的合作。

根据《国土形成规划法》的规定,国土形成规划除制定全国规划之外,还须制定"广域地方规划",也可称之为大区规划。虽然之前的"全综"自"新全综"以来也都有以大区为单位的规划内容,但以往的大区规划是将全国规划在空间上加以细分的规划,而国土形成规划的大区规划则包含着"地方的事情地方定"的政策含义在其中。国土形成规划的大区规划于2009年公布,共有东北圈、首都圈、北陆圈、中部圈、近畿圈、中国圈、四国圈、九州圈8个大区。另外,由于北海道和冲绳各自有单独的开发规划,这两个规划也具有相当于大区规划的地位。

《国土形成规划法》对规划的制定程序也做出了明确的规定。全国规划由国土交通省负责制定,在制定过程中要经过征集公众意见、与相关政府部门负责人进行协商、听取都道府县和政令指定城市的意见、国土审议会的调查审议、内阁会议审议通过等程序。在规划公布实施经过一段时间之后,需要按照《政策评估法》(2002年4月公布实施)的规定进行评估。大区规划由国土交通省负责制定,在制定过程中要经过征集公众意见、与大区规划协议会进行协商、与相关政府部门负责人进行协商等程序。大区规划协议会由中央政府的大区派出机构、大区内各都道府县及政令指定城市的代表组成。

(二)2015年《国土形成规划》

一方面,2011年发生的东日本大地震在造成了巨大的生命与财产的直接损失之外,还引发了福岛核电站的严重次生灾害,使全社会对国土的安全性有了更高的要求。另一方面,由原总务大臣增田宽也领衔的一个民间研究团队"日本创成会议"于2014年5月发布研究报告,称有接近半数的地方自治体(市町村)未来将因人口减少而消亡,引发了社会的广泛关注。在这样的背景之下,国土交通省先是于2014年7月编制了"国土的宏伟蓝图2050——对流促进型国土的形成",以此为基础,新一轮的国土形成规划于2015

年8月公布实施。

该规划提出了构建"对流型国土"的构想，将各自拥有自身特色的地区之间通过交流合作而产生的人、物、资金、信息等的双向流动定义为"对流"，期望这种对流在全国各地蓬勃涌现。作为规划的实现路径，则提出要形成多层次而强韧的"紧凑+网络"。其内在逻辑如下：由于人口的减少，要高效地提供各种服务就必须实现集约化（紧凑）。但如果仅仅追求紧凑将会导致市场的缩小。而通过各地区之间形成网络，就可以维持与各城市的功能相匹配的人口规模和市场。在此，各地区依托自身资源使自己的特色更加凸显是关键。因为只有各地区各具鲜明特色，"对流"才会有动力，并成为地方活力的源泉。以"对流"为基础，将会促进创新的产生，并有助于对灾害强韧的国土结构的形成。

从空间问题的视角出发，该规划提出要矫正东京单极集中的问题，明确描述了东京圈的定位，并给出了从村落地区、地方城市圈、地方大区乃至大城市圈各种不同类型地区的发展方向，以及城市与农山渔村互助共生的前景。

四 几点启示

（一）国土规划须回应社会的重大关切

国土规划是对国土空间利用的方式和形态所做出的长期性、综合性、战略性安排，其最终落脚点是提高国民的总体福祉水平。因此，国土规划必须对当时社会对国土空间利用相关领域的重大关切予以认真的回应，在深入分析成因和发展趋势的基础上提出对策。纵观日本的七次国土规划，其基本目标依次为地区间均衡发展、创造以人为本的理想环境、建设人居综合环境、建设多极分散型国土、为形成多轴型国土结构打基础、多样化的大区自立发展+形成美丽宜居国土、形成对流促进型国土，都是针对当时国土利用和地区发展上的突出问题来设定的，这样能够避免规划内容的流于空泛和缺乏针对性。我国在开展新一轮国土规划时，也应避免内容上的面面俱到而缺乏重点，要致力于解决我国当前和今后一个时期国土利用和地区发展上的突出问题。

（二）国土规划要具有前瞻性视野

日本的国土规划一般以10年为规划期，展望未来20年以上的时间。在基础研究阶段，会在分析预测未来的人口、产业、大众需求等领域的发展趋势上投入很大力量。这是因为，国土规划是长期性、战略性、综合性的规划，需要对未来的理想国土形态进行描述，因此具有前瞻性的视野非常重要。我国在编制新一轮国土规划时，也必须对国土利用相关重点领域的未来发展趋势做好分析预测工作。特别是一些可能引领时代变局的关键影响因素，更是需要花大力气进行分析预判。举例而言，人工智能的广泛应用对就业的影响，新能源技术的发展对国土利用的影响，人口的少子老龄化与人口流动共同作用对人口地区分布的影响等，都会对未来的国土形态产生显而易见的影响。

（三）国土规划要具有开放性视野

从1998年"蓝图"开始，日本在编制国土规划时对与国际、特别是以我国为主的东亚地区之间的交流互动关系予以了越来越多的重视。这是因为，在经济全球化时代，资金、人才、信息等的跨国界流动愈益便捷，一国的经济发展乃至国土利用与外部世界尤其是周边地区的关系愈益紧密，充分利用外部资源和外部市场，构筑合作共赢的伙伴关系成为各国的理性选择。国土规划在为其创造条件和有效利用其红利等方面都是大有文章可做的。

（四）国土规划要重视发挥统筹协调作用

日本2005年制定的《国土形成规划法》中明确规定，在编制规划时必须经过征集公众意见、与相关政府部门负责人进行协商、听取都道府县和政令指定城市的意见等程序。这样的程序性规定确保了国土规划的编制过程同时也是各利益相关方充分博弈和协调的过程，使国土规划能够更好地发挥统筹协调的作用。这种做法也值得我国研究借鉴。由于国土规划在实施过程中会涉及多个利益主体、多个政府部门和多个地方之间的利益关系，如果在编制过程中没有经过充分沟通协商达成共识，在实施中往往就会遇到重重阻力而难以落地。在规划的编制过程中，保证各部门、各地区、各相关主体的广泛而切实有效的参与，则是使国土规划成为有效的协调平台的重要前提。

（五）国土规划要注重发挥地方的自主能动性

纵观日本的各次国土规划，可以发现一个明显的变化趋势，即越来越重视反映多样化的地区特性，越来越体现尊重地方的自主性和自立性。这是要求地方分权和提高地方自治水平的社会思潮高涨、社会价值观对多样化和地方特色的肯定和对单一化的厌恶，以及地方行政能力的提高等多重因素共同作用的结果。虽然我国与日本在发展阶段和政体上有较大差异，但注重发挥地方的自主能动性是一个长期而必要的主题。为了提高国土规划的实效性，除了要努力使其成为反映多样化的地区特性的空间规划之外，还要考虑给予地方以必要的激励，使地方有更多主动作为的空间，创造出具有地方特色的魅力。

（六）国土规划应将实施评估作为必要程序

自"新全综"之后，日本的每一轮国土规划都经历了深入细致的实施评估工作。开展实施评估，有利于及时发现实施中出现的问题，并在下一轮规划中加以改进，可以起到很好的承上启下的作用。我国自 2013 年起引入了对政府重点工作的第三方评估机制，每年都开展了对多项政府重要工作的第三方评估，收到了良好的效果。鉴于我国在第一个《全国国土规划纲要（2016—2030 年）》出台后不久就经历了规划职能与部门的整合重组等因素，可以考虑在新一轮的国土规划出台之后正式将实施评估工作纳入程序，这也将标志着我国的国土规划工作全面步入正轨。

（七）借鉴日本经验应考虑到发展阶段和体制上的差异

在借鉴日本国土规划相关经验时，必须注意到我国与日本在发展阶段和体制上的差异。在发展阶段上，日本已经处于后工业化阶段并基本完成了城市化进程，经济社会发展平稳，人口和工业不再是影响国土空间结构的主要因素。我国则处于工业化中后期阶段和城镇化快速发展阶段，经济增速虽然下了一个台阶但仍保持中速以上增长，人口大量流动，社会变动剧烈，人口和产业仍将在较长时期内继续对国土空间结构产生重大影响。从体制上看，主要由于政治制度上的原因，日本的地方政府很少会由于追求"政绩"而产生盲目投资的冲动，这一点也与我国的情况有很大的不同。这些差异，首先会给国土规划所面对的核心问题和社会重大关切带来不同，其次即使面对相同的问题所应采取的对策也应有所差异。这些因素都是我们在借鉴日本国土规划经验时必须充分加以考虑的。①

回顾与点评

　　本文写成于 2019 年 3 月，是这本自选集中最新的一篇。刊登于由清华大学建筑学院主办、顾朝林教授担任主编（本人也是编委之一），由商务印书馆出版的《城市与区域规划研究》2019 年第 2 期上。该期的主题是"日本的国土空间规划"。由于我在东京大学求学时的恩师中村英夫教授就是日本国土空间规划界的重量级人物，因此由我来执笔这样一篇文章可谓是责无旁贷。本文主要依据日文权威文献，对日本国土规划的脉络及其与时代背景之间的关系进行了比较细致的梳理。

　　实际上，一方面由于我在日本 12 年学习和工作的经历；

---

① 参考文献略。

另一方面由于中日两国在人地关系以及后发赶超型的发展历程等方面的相似性所决定的日本经验对中国的重要借鉴意义，我在政策研究中对于日本经验的参考和借鉴是非常注重的。这种参考和借鉴在我所从事过的地区政策、国土空间规划、中小企业政策、环境治理、住宅政策、应急管理、人力资源战略等多个领域中都有所体现。

城市发展与城市社会治理篇

从 2003 年研究"城市经营"、2007 年研究"城管"开始,我先后进入了城市发展和城市社会治理领域。这部分文章的时间跨度从 2003 年到 2018 年,多已在公开刊物上刊发过。

对"城市经营"热的透视与思考

近两年来,"城市经营"或"经营城市"成为出现频率极高的语汇。各地政府迅速接受了这一概念并将其付诸实践,随后有学者对其进行实践的总结和理论的阐述,以此为主题的论坛和研讨会也层出不穷。

从缜密分析的角度看,"城市经营"的兴起既有加快了城市建设步伐、提高了城市管理效率的一面,也有引发政府行为走入歧途、导致圈地卖地盛行、损害农民利益的一面。笔者拟就我国当前"城市经营"的内涵与实质、"城市经营"热在我国兴起的根源、当前"城市经营"存在的主要问题、防止"城市经营"步入歧途的对策建议等问题进行分析和探讨。

一 我国当前"城市经营"的内涵与实质

观察迄今为止关于"城市经营"问题的讨论,可以发现已经形成了泾渭分明的赞否两论。先是一些城市的领导者盛赞"城市经营"是"城市建设的全新理念"和"城市发展方式的革命",后来有学者出来质疑,认为"城市经营"蕴含着政府管理职能"越位"、城市建设规模失控、耕地资源枯竭、地方保护主义盛行和企业税费负担加重五大风险,并明确提出"'城市经营'在性质上属于政府的'越位'行为,不宜提倡"。那么人们首先要问,"城市经营"是什么?

它究竟意味着什么？

关于"城市经营"的内涵，目前可谓是众说纷纭。有人将其归结为"政府在市场经济条件下，运用市场的手段对城市的各类资源、资产进行资本化的运作与管理"。也有人的诠释比较细致，认为是"政府运用市场经济手段，通过市场机制对构成城市空间和城市功能载体的自然生成资本（如土地、河湖）与人力作用资本（如路、桥等市政设施和公共建筑）及相关延伸资本（如路桥冠名权、广告设置使用权）等进行重组营运，广泛利用社会资金进行城市建设，把市场经济中的经营意识、经营机制和经营方式等运用到城市建设和管理上，对城市资产进行集聚、重组和营运"。还有人提出，经营城市是"把城市当成一个特殊的产业来经营"，要"以市场运作的方式经营城市，实现投资主体多元化，项目营运市场化，设施享受商品化"。

从上面这些抽象的概念中，实际上还是很难把握"城市经营"的庐山真面目。不过正如马克思曾说过的那样，"一步实际行动比一打纲领更重要"。要准确理解"城市经营"的实际内涵，最好还是来观察一下各地政府在经营城市的口号之下到底做了些什么。根据大量有关"城市经营"的实例进行归纳整理，我国目前的"城市经营"主要可以分为以下五类。

（1）通过土地出让获取收益。这可以说是大多数城市的"城市经营"的最主要内容，因为这对政府而言是一条最为便捷和大宗的收益渠道。据国土资源部（现为自然资源部）统计，到 2002 年底，全国累计收取土地出让金达到 7300 多亿元。在很多地方，来自土地出让的收入规模甚至可以与税收收入相匹敌，成为城市建设的重要乃至主要的资金来源。由城市政府建立"土地储备中心"垄断土地一级市场、以非市场化的方式低价征地后在二级市场上高价出让，已经成为各地城市政府竞相效仿的一个"定式"。

（2）通过建立基础设施项目投资回报补偿机制，吸引外资和民间资本进入城市基础设施建设与运营领域。例如，长沙市政府与香港长江基建集团有限公司签订协议，采用 BOT（build-operate-transfer，即建设－经营－转让）方式建设两座湘江大桥，由该公司负责融资和建设，建成后公司收费经营，按协议 50 年后移交给市政府。类似的，长沙市政府通过协议授权当地企业湖南长大建设集团股份有限公司建设第八水厂，经营 17 年后移交市政府。

（3）向外部投资主体出让政府所拥有的资产的所有权，包括出售政府拥有的中小企业、办公楼等。

（4）利用政府掌握的特许经营授权的职能，对城市公共设施的特许经营权，以及依附于公共设施之上的冠名权、广告设置权等进行拍卖转让。拍卖转让的对象包括旅游线路、公交线路、景点公厕、冷饮摊点、书报亭等的经营权，以及道路、桥梁、广场等设施的冠名权、广告设置权等。

（5）将一些原来由政府直接从事的市政事业委托给民间企业去做，如清扫保洁、垃圾收集、街道两旁绿化、市政设施维护等。

实际上，上述这些"城市经营"活动究其实质，可以进一步区分为这样两类。一类属于城市政府为弥补其履行职能时遇到的财源不足，而在获取资金收入，或吸引外来资金投入方面所做的努力。通过土地出让获取收益、拍卖转让城市公共设施的特许经营权、出售政府拥有的办公楼等固定资产、以 BOT 等方式吸引民间资本进入基础设施建设与运营领域等均属于这一类，可称为资金获取指向型"城市经营"。另一类属于城市政府为提高公共服务的效率，而在公共服务部门引入市场机制、推行合同承包的努力。将原由城市政府直接从事的市政事业委托给民间企业的做法属于这一类，可称为服务效率指向型"城市经营"。从我国迄今为止的"城市经营"实例来看，资金获取指向型"城市经营"声势浩大，占据了绝对主导地位，而服务效率指向型"城市经营"则处于配角和从属的地位。

二 "城市经营"热在我国兴起的根源

"城市经营"的概念在国外早已有之。1971 年，日本一本名为《城市的经营》的书籍问世。在该书中，时任神户市长的宫崎辰雄先生在介绍神户市的"城市经营"范例时，将"城市经营"的内涵概括为：高效地提供城市公共服务；涵养税源以确立城市的财政基础；与市场经济所导致的外部负效应相对抗，维护公共的利益。从所介绍的范例内容来看，神户市的"城市经营"虽然在资金获取方面做得相当出色（如发行地方公债和外债进行填海造人工岛的大规模城市开发、超前收购土地以备市政基础设施建设之需、根据受益者负担的原则要求房地产开发商负担相关城市基础设施的全部或部分建设资金等），但仍是把提高公共服务效率放在首位的。为了更好地把握市民对市政管理的需求，神户市实施了对全体居民的问卷调查，并建立了审议会、市政监督员、市政恳谈会等多项制度，积极推进居民对市政的参与。为了尽量减小市场经济带来的外部负效应，市政府与当地的大企业签订了"公害防止协定"，明确了减少污染排放的目标与责任。宫崎辰雄先生认为，一切行政活动的终极目标都是最高效地提高市民的福祉水平，如果说企业经营的理念是"以最小的成本获取最大的利润"，那么"城市经营"的理念就应当是"以最小的市民负担获取最大的市民福祉"。

与发达国家的情形相比，我国近年来兴起的"城市经营"偏重于资金获取指向型，且热度之高、来势之猛可谓前所未有。造成这种现象的根源，主要有以下两点。

一是地方政府承担的行政职能与支持职能行使的财政收入来源之间的不对称，简单地说就是事权与财权的不对称。我国在1994年实施了分税制改革，改革的一个基本目标是提高中央财政收入占全部财政收入的比重。1993年时这个比重为22％，2002年上升为54.9％[1]。但是，这次分税制改革由于种种因素的制约，并没有解决事权与财权不清这个

---

[1] 中央党校"财政政策与财税体制改革研究"课题组：《如何化解县乡财政困难》，《中国经济时报》2003年9月30日。

长期困扰我国财政体制的问题。而且在财力大量向上集中之后，中央与地方之间的事权划分与分税制改革前基本相同，地方政府的职能、职责范围几乎丝毫未变，使得地方政府的财力与事权及支出范围极不相称。要干的事多而来自税收渠道的收入少，必然迫使地方政府千方百计地寻求一切可能的收入来源，在这种情况下，有资产可"经营"的城市政府对"城市经营"表现出高度的热情是很自然的事情。而那些没有多少资产可供经营的县乡政府则相当普遍地陷入了财政困境，2001年地方一般预算赤字县共计731个，赤字面达到35.6%。① 顺便提一句，农民负担问题之所以积重难返，其主要根源恐怕也在于此。①

二是在现行土地制度之下，土地进入市场为城市政府提供了巨大的获利空间。同时，我国快速的工业化和城市化进程又对土地的从农业用途向非农业用途、从低收益用途向高收益用途的流转有着巨大的需求。因此，城市政府能够从土地的使用权交易中获取总量巨大的收益。一些地方领导所自诩的"政府一毛不拔，各项事业兴旺发达"，不过是政府的土地收益的另一种表现形式而已。根据有关专家的研究，2001年，各级政府从土地一级市场获得的土地收入为1318亿元，占政府财政预算外收入的38%。② 如此巨大的收益为

---

① 冀文海：《地方政府逐利倾向驱动城市扩张：自杀式经营》，《中国经济时报》2003年12月11日。
② "七通一平"是指基本建设中前期工作的通道路、自来水通、电通、排水通、排洪通、电信通、煤气管通及平整土地等的基础建设。

地方政府在"城市经营"的口号下大力推进土地批租提供了巨大的动力,"城市经营"的核心成了经营土地。在这里人们需要关注的是,这个巨大的收益出自何处?虽然政府的"七通一平"③等开发行为本身能够产生一定的开发效益,对土地的增值具有一定程度的贡献,但显而易见,最根本的收益来源是土地用途转变以后产生的级差收益,因为土地的不同用途能产生截然不同的经济效益。在现行制度下,集体非农建设用地不能出租、转让、抵押,集体土地只有变性为国家所有才能进入二级市场。因此,农民集体土地无法与国有土地一样享有同等的财产权益。城市政府通过从农村集体手中以低廉的代价征用土地,然后与土地使用权的购买者分享土地用途转变产生的级差收益,土地的原来所有者农民集体则被排除在收益分享者之外。由此可见,城市政府巨大的土地收益背后,有相当大一部分来自征地过程中农民利益的损失。

我国的土地市场是从1990年开始逐步形成的。1990年国务院发布了《中华人民共和国城镇国有土地使用权出让和转让条例》和《外商投资开发经营成片土地暂行管理办法》,1994年颁布了《中华人民共和国城市房地产管理法》,对有关土地市场的运行规则做出了规定。这里需要注意的是,按照现行法律规定,农村集体土地只有转变为国有土地后才能进入市场。《中华人民共和国土地管理法》规定,"国家依法实行国有土地有偿使用制度""建设单位使用国有土地的,应当按照土地使用权出让等有偿使用合同的约定或者土地使用权划拨批准文件的规定使用土地""国有土地和农民集体所有的土地,可以依法确定给单位或者个人使用"。1987~2001年,全国非农建设占用耕地3394.6万亩,其中70%以上是征地。①

综上所述,当城市政府一方面面临着财政收入的入不敷出;另一方面看到了可以通过征地实现的巨大收益时,对以经营土地为核心的资金获取指向型"城市经营"自然而然地趋之若鹜。这是城市政府在现行制度约束下的必然选择。

三 当前"城市经营"存在的主要问题

根据前面的分析,我国的"城市经营"从一开始就是以资金获取指向型为主导的。虽然获取资金的目的应当是为了更好地履行提供公共服务的职能,但在缺乏必要的制度约束的情况下,手段往往取代了目的,获利最大化取代了公共福利的最大化,"城市经营"蕴含着巨大的道德风险。根据相关报道进行归纳,当前"城市经营"中存在的主要问题有以下四种。

(1)"圈地卖地"盛行。众多迹象表明,我国已经出现了新一轮的圈地热。1999年,一些地方以"庄园""果园"开发为名炒卖土地,使得国家主管部门不得不出面进行专项清理整顿。2000年以来,"开发区热"卷土重来,各级开发区纷纷设立,圈占了大量土地。根据国土资源部2003年的

---

① 段应碧:《切实保护农民的土地权益》,《经济日报》2003年9月5日。

调查统计，我国各类开发区规划面积合计已达3.6万平方千米①，而同时期我国城市建成区面积不过3.04万平方千米。②城市政府以行政手段征地后批租的无本万利，加上卖地收益全归于在任政府官员支配的"吃子孙饭"机制（政府一次性收取土地使用权期限内的全部使用费并全部归当期政府支配），构成了圈地卖地热的巨大动力。

（2）农民收益过低。在现行制度下，政府和用地企业分享了土地用途转换的收益，农民则基本被排除在外。根据有关研究，2001年政府从土地一级市场上获得的收入为1318亿元，企业也在二级市场上通过重新配置土地资产，融资额达7178亿元。房地产业是公认的"水很深"的行业，主要就指的是谁能够通过关系得到比较廉价的土地，谁就有可能获取暴利，发生在幕后的权钱交易为反腐败斗争增添了太多的任务。而政府在对被征地农民进行补偿时，只是按照被征用土地的原用途给予包括耕地补偿费、安置补偿费以及地上附着物和青苗补偿费在内的产值补偿。根据现行标准，耕地补偿费加上安置补偿费仅为该耕地被征用前三年平均年产值的10~16倍，补偿标准过低，根本无法与国家赋予农民的长期且有保障的使用权、收益权和转让权对等。一个时期以来，一些地方因征地出现的各种社会矛盾已经充分暴露了这一问题的严重程度。类似的现象在城市拆迁安置问

---

① 高昱：《警惕各地浮夸风又起》，《商务周刊》2003年第19期。
② 国家统计局数据库。

题上同样存在，且随着城市房地产开发力度的加大而日益突出。

（3）市政公共服务商业化，以牺牲市民的福利水平为代价换取政府收入的增加。一个比较典型的事例出现在公厕经营权的拍卖上。2003年8月，武汉一个火车站出口的公厕经营权拍得62.15万元的天价。[①] 2003年10月，青岛市的一个移动公厕的经营权以20万元成交。[②] 城市政府通过拍卖确实获得了可观的收益，但这收益却必然要转嫁为市民的负担。上述青岛移动公厕经营权的获得者就准备把收费标准定为5元钱，引起了舆论的关注。有人指出，凭借地理优势和垄断经营搞天价收费，在这种前提下的公共事业经营化，将利润最大化放在了首位，这必将使公共服务失去公平。

（4）变相摊派，加重企业的负担。一些城市为了筹集建设资金，想方设法地向当地的企业寻求资金支持。比如有的城市广场，主要设施分别由当地的企业出资兴建。还有一些城市存在大量依托政府从事经营的中介机构，实质是政府垄断的以经营为名进行收费的工具。政府依托行政权力向企业化缘，企业即使不情愿也很难拒绝。城市政府的政绩上去

[①] 《"天价"招标VS公共福利》，http：//news.sina.com.cn/s/2003-09-07/0433706840s.shtml［2013-09-28］。

[②] 《青岛公厕经营权拍出20万天价 如厕一次拟收5元》，http：//news.sina.com.cn/s/2003-10-31/10491028335s.shtml［2013-09-28］。

了，企业却加重了负担，降低了经济效益和在市场上的竞争能力。《国务院关于整顿和规范市场经济秩序的决定》明确指出："规范市场经济秩序，首先要规范政府行为"。以各种方式向企业化缘，显然不是一个行为规范的政府应当做的事情。

四 防止"城市经营"步入歧途的对策建议

"城市经营"是一把双刃剑。运用得好，可以提高城市政府提供公共服务的效率，有利于居民福祉的增进；倘若运用失当，城市政府甚至可能蜕变成利用行政权力谋取自身利益最大化的利益集团。套用经济学家评述市场经济的语言——人们需要促进好的"城市经营"，杜绝坏的"城市经营"。笔者认为，要防止"城市经营"步入歧途，迫切需要采取以下三个方面的对策。

第一，需要对中央与地方及地方各级政府之间的事权财权划分进行全面的重新审视，并在下一轮财税体制改革中使事权财权不对称的问题得到彻底改观。从上述对"城市经营"热，特别是资金获取指向型"城市经营"的兴起根源的分析可以看出，目前我国的中央与地方，以及地方各级政府之间的事权财权划分存在制度性缺陷。为此，有必要对此进行全面的重新审视，在审视的基础上进行合理重构。审视的重点应当包括：①各级政府的职能分工以及相应的支出义务；②为实现职能分工所必需的机构设置；③为满足支出义务所需的财源设计；④规范合理的财政转移支付制度；等等。只有上述问题得到合理解决，才能从制度设计上消除"坏的城市经营"的机制。

第二，需要对土地制度特别是征地制度进行改革。现行征地制度的主要弊端，在于不能在国家、集体和农民之间公平有效地分配工业化带来的巨大收益，将农民排除在分享收益的主体之外，是农民利益的损失，造就了城市政府经营土地的巨大收益，进而推动了圈地卖地热的兴起。因此，有必要对现行征地制度进行彻底的改革，保护农民对土地的所有权，保证农民成为工业化和城市化的受益者。已经有一些地方进行了突破现有制度藩篱的探索，通过土地股份制等形式让农民分享土地非农化的级差收益，值得在改革中认真借鉴。现行土地制度中还有一项迫切需要改革的内容是土地出让金的收取形式。目前的普遍做法是政府一次性收取土地使用权期限（住宅用地 70 年、工业用地 50 年、商业用地 40 年）内的全部使用费。也就是说，当前的政府把土地的未来收益也收入了囊中，是一种"吃子孙饭"的机制。有学者指出，在卖地的收益和成本分配上，在任地方官员获得的基本上都是收益，接任的地方官员几乎承担的都是成本。因此，改革的方向应当是，让土地出让金恢复其地租的经济学本质，土地使用权的购买者在土地的使用期限内按年度分期支付。上述这两项改革可以对圈地卖地热起到釜底抽薪的作用。

第三，需要在城市政府决策中逐步建立和完善公众参与机制。如果承认城市行政的根本目的是实现居民福利的最大化，那么城市政府就应当对居民的需求有充分的把握，使政府的决策充分体现公众的意愿。若能如此，就可以避免很多地方的"城市经营"中出现的政绩导向甚或劳民伤财的举动。为此，需要建立有利于居民广泛参与、各种不同利益相关者能够充分发表意见的参与制度，如政府的信息披露、市政审议会、听证会、市政监督员、行政首长定期接待市民来访等都是值得借鉴的制度设计。充分务实而不是走形式的公众参与，对促进好的"城市经营"、避免坏的"城市经营"可以起到关键性的作用。

回顾与点评

本文撰写于2003年秋，是一篇产生了较大影响的研究报告。其时正值"城市经营"在中国方兴未艾，愈演愈烈，舆论场上基本上是一边倒的叫好，质疑之声寥寥。我通过观察和分析后认为，这种资金筹集导向型的"城市经营"往往导致对公众利益的损害，负面作用很大。报告写成后受到国务院领导的关注，领导批示请国土资源部、住房和城乡建设部和国务院研究室的有关领导阅研。随后不久，《中国经济时报》全文刊登了这篇文章。

今天再来看这篇文章，可以发现当时自己受认识水平所限，未能从更深层次的权力与权利的关系的视角来观察和分析问题。

对城镇化问题的几点思考

自20世纪90年代中期以来,我国的城镇化进入快速发展时期。按照人口普查的统计口径,1996~2011年我国城镇化率年均提高1.39个百分点。到2012年,城镇化率达到52.6%。[①] 诺贝尔经济学奖得主斯蒂格利茨曾经的预言"中国的城市化和以美国为首的新技术革命将成为影响人类21世纪的两件大事"似乎正在成为现实。根据中国社会科学院城市发展与环境研究所的预测,未来一个时期我国城镇化率年均提高速度将保持在0.8~1.0个百分点,到2030年之前,我国仍将有2亿多农村人口需要转移到城镇就业和居住。但是,在既往的城镇化发展过程中,主要由于受一些体制机制性因素的影响,累积了多方面的突出问题,迫切需要寻求城镇化新的发展路径。

一 既往城镇化发展中存在的主要问题

(一)高速度、低质量

如前所述,我国的城市化率提升速度在过去的15年间达到年均1.39个百分点[①],这个速度是非常高的。但是必须指出,这个速度在一定意义上说只是个"名义速度"。从2000年第五次全国人口普查开始,在城镇居住超过6

---

① 根据中国统计年鉴数据计算得出。

个月以上的外来人口也被统计为城镇人口。这部分人的主体是农民工,目前的规模大约为2.2亿人。在现行户籍制度及其相关制度安排的限制下,他们基本上享受不到参政权、社会保障权、子女受教育权等诸多市民所享有的权利。城市中的原有户籍人口没有把农民工作为城市的一员,同时,大多数农民工也没有对所居住的城市产生归属感。过去长期存在的城乡二元结构,由于农民工的大量进城已经在城市内部转化成新的二元结构。2011年,城市户籍人口的比重是34.71%,与当年的城镇化率51.27%相比有16个百分点以上的差距。[①]因此可以认为,按照统计数据所显示的城镇化率,其内涵是不够充实的,质量是不够高的。

(二)发展方式不可持续

既往的城镇化发展方式之不可持续,首先表现在城镇建设的过度扩张方面。在过去的十几年中,不少城市热衷于拉大建设框架,搞低密度开发。2000~2010年,我国城市建成区面积增长了78.5%,但同期城镇人口只增长了46.1%。用另一组数据来看,1995~2008年,城市建成区面积扩张的速度达到年均7%[①],而城镇人口的年均增长率仅略高于3%。也就是说,土地城镇化的速度要比人口城镇化的速度高出一倍以上。

发展方式不可持续的另一个突出表现是城市基础设施建

---

① 根据《中国城市统计年鉴》数据核算。

设过度依赖于土地财政。2010年，全国土地出让金收入达到29110亿元，相当于地方一般预算收入的71.7%。[①] 此外，地方财政税收收入中还有契税、房产税、土地增值税、城镇土地使用税等与房地产有关的税收，这些税收与土地出让金共同构成了"土地财政"。国务院发展研究中心的相关研究还表明，设立融资平台以土地为抵押进行融资已经成为各地城市政府的普遍做法，如果加上债务性收入，"土地财政"占地方政府可支配财力的比重甚至超过60%。由于可出让土地的日益减少，加上土地出让金所内含的"吃子孙饭"机制，过度依赖于"土地财政"的发展方式之不可持续是显而易见的。

（三）人为"造城"，有城无业

一些地方没有认识到城市化是工业化和经济发展的结果这个道理，脱离当地产业发展和人民生活的实际需求，盲目大规模圈地造城。其结果，高楼大厦、宽马路、大广场看上去蔚为壮观，但是却人迹稀少、了无生气，被人们称为"鬼城"。这样的结果不仅造成资源的严重浪费，也意味着投资行为的重大失败，为金融风险的累积做出了突出的"贡献"。

（四）大城市病日益严重

人口拥挤、交通拥堵、环境污染、住房困难等大城市病日益严重。上海、北京、广州等特大城市的中心城区的人口密度

---

① 王春梅、方辉振：《国民收入分配格局失衡的体制性成因分析》，《中共中央党校学报》2012年第16（05）期。

均超过了发达国家主要大城市的人口密度。我国百万人口以上城市有 80% 的路段和 90% 路口的通行能力已经接近极限,因交通拥堵所造成的经济损失每年达数百亿元。大城市的大气污染、水污染、噪声污染和垃圾污染等环境问题积重难返。由于大城市房价与租金的不断上涨,住房困难群体的规模难以缩小,特别是不断扩大的农民工群体的居住环境比较恶劣。

(五)大拆大建,千城一面

在第二次世界大战之后,西方国家的一些著名大城市,如巴黎、伦敦、慕尼黑、纽约等,都曾走过一段大规模整容式的"城市更新"之路。其主要手法是,在城市中心大量拆除被战争毁坏或者并未毁坏的老建筑,代之以一幢幢摩天大楼。但是不久人们就发现,改造后的城市空间变得缺乏历史感和人性的环境,城市变得索然无味。有学者批评指出,大规模改建摧毁了有特色、有活力的建筑物以及城市文化、资源和财产,也有人将当时的"城市更新"喻为战后对城市的"第二次破坏"。在这种批评和反思的影响之下,大规模改建式的城市更新很快销声匿迹。

但在我国快速城市化的进程之中,西方国家在历史上曾经走过的弯路不仅没有得到避免,反而以更加放大的形式重现。在城镇拆迁达到高峰的 2003 年,共拆迁房屋 1.61 亿平方米,相当于当年商品房竣工面积 3.9 亿平方米的 41.3%。[①] 在大拆大建的过程之中,大量历史性建筑受到损毁,其中不乏具

---

① 欧阳建涛:《中国城市住宅寿命周期研究》,西安建筑科技大学,2007。

有较高历史文物价值。一些历史文化名城在大拆大建之后，少了最能代表自己城市特色的历史街区，多了"千城一面"、各地风格雷同的新街区。其结果，"南方北方一个样，大城小城一个样，城里城外一个样"，城市的历史文化血脉被割断，城市的个性和韵味也极大丧失。

二 新型城镇化的发展路径

针对我国城镇化过程中出现的众多问题，关于新型城镇化道路的探讨已成热点。李克强总理指出："我们强调的新型城镇化，是以人为核心的城镇化。"[①] 2012年12月召开的中央经济工作会议提出："要把生态文明理念和原则融入城镇化全过程，走集约、智能、绿色、低碳的新型城镇化道路。"[②] 那么，如何才能实现新型的城镇化？以下是笔者对这个问题的几点初步的思考。

（一）着力推进农民工市民化

提高城镇化质量的关键，是使目前候鸟式栖居在城市中的庞大的农民工群体，比较顺利地融入城市，成为在城市中安居乐业的城市居民。"农民工"这一现象的出现，是在城乡二元的户籍管理制度基础之上，劳动用工制度、社会保障

[①] 李克强：《新型城镇化以人为核心》，http：//www.xinhuanet.com/2013lh/2013-03/17/c_115054227.htm［2013-07-25］。

[②] 王如松院士：《新型城镇化，生态要优先——访中国科学院生态环境研究中心研究员》，http：//theory.people.com.cn/n/2013/0105/c40531-20091451.html［2013-07-25］。

制度、土地产权制度等多项制度与其相互依存、共生发展的结果,体现的是这一群体在市民权利、劳动者权利、土地产权权利这三方面的权利缺失。因此,应当以权利平等为目标,以梯度赋权为手段,逐步破除上述三方面的权利障碍,完善相关法律制度和就业、住房、社会保障等政策体系,使农民工群体在城市中定居成为他们自身理性选择的结果,也使"农民工"这一称谓逐渐成为历史。

(二)强化城镇化的产业支撑

工业化是城镇化的基本动力。没有产业发展作为支撑的城镇化就会成为无源之水、无本之木。因此,应当通过推进产业结构的调整升级,增强吸纳就业的能力,挖掘内需潜力。要合理发展吸纳就业能力较强的部分制造业和现代服务业。要同步提高进城务工人员、农业从业人员和城镇中低收入居民的收入和素质,推动全社会消费结构升级,促进产业结构向更高层次演进,这是扩大内需市场的重要途径。

近年来,电子商务迅猛发展,成为促进创业和就业的重要新增长点。根据中国就业促进会的一项研究,2011年,我国电子商务交易额达到5.83万亿元,直接从业人员超过180万,间接就业人员超过1350万。2012年前三季度,我国电子商务交易额已达到5.62万亿元。预计未来3~5年,我国电子商务市场仍将维持稳定的增长态势,平均增速超过35%。[1] 江苏省睢宁

---

[1] 中国就业促进会课题组:《抓住机遇 找准目标 推动网络创业就业》,《中国劳动保障报》2013年3月8日(006)。

县沙集镇是通过电子商务改变面貌的一个典型。这里的农民从在网上销售简易拼装家具开始起步，目前全镇网店的销售额已超过3亿元，并且带动了上下游多个新产业链的诞生和成长。各级政府应敏锐地关注这一产业和就业的新增长点，研究制定必要的鼓励、扶持和规范措施，使其成为为城镇发展夯实产业基础的新型利器。

（三）着力推进土地制度改革

现行的土地制度，由于存在着城乡土地产权不平等、土地市场由城市政府垄断经营等特征，为城市政府圈地买地、实行"土地财政"创造了便利的条件。应以城乡土地产权平等为重要目标，以土地用途管制作为保护耕地的重要手段，开展城乡土地确权、农村宅基地和集体土地流转、征地制度、土地综合整治等方面的改革创新探索，为城乡统筹和一体化发展提供制度保障。

（四）改革政绩考核体系

在现行的干部选拔机制之下，政绩考核体系对领导干部以及地方政府的行为方式具有重要的导向作用。过去那种偏重经济指标的考核体系，是重数量、轻质量的粗放型发展方式。习近平总书记2013年在中央组织工作会议上指出："再也不能简单以国内生产总值增长率来论英雄了。"[1] 实际上，已经有不少地方对政绩考核体系进行了调整，大方向是

---

[1] 新华时评：《简单以 GDP 论英雄的时代该终结了》，http://www.gov.cn/jrzg/2013-06/30/content_ 2437336.htm［2013-07-25］。

弱化经济增长指标，加化对影响科学发展目标实现的突出领域的指标。

我们认为，对于政绩考核体系，在一定时期内继续进行这一方向的完善还是有必要的，这对于淡化 GDP 导向、引导城市政府贯彻落实以人为本、全面协调可持续的科学发展观可以起到一定效果。但同时也应认识到这种完善是有其自身的局限性的：没有被列入考核体系的领域会逐渐变成短板，其结果是不断将新的领域加入到考核体系当中，而当考核体系变得面面俱到的时候，考核体系也就丧失了可操作性和作为激励工具的有效性。

从另外一个方向对政绩考核体系进行完善的尝试也在一些地方出现，具体而言就是将居民的满意度纳入政绩考核体系。例如，济南市于 2008 年出台了《中共济南市委 济南市人民政府关于健全推动科学发展促进社会和谐综合考核评价体系的意见（试行）》，新的考评体系突出实践标准，注重群众评价，强化民意指标。作为济南市全年度考核工作的重要组成部分，"群众满意度"调查每年进行两次，分别在年中和年底进行，并按一定比例计入年度考评总分。又如，广东省于 2011 年 10 月公布了"幸福广东"指标体系，这一指标体系由客观指标和主观指标两部分构成，客观指标着重反映政府建设幸福广东的工作实绩，主观指标侧重反映人民群众的主观感受。指标体系每年定期公布，并且相关指标考核将纳入广东政绩考核体系。

我们认为，将居民的满意度纳入政绩考核体系较之不断增加考核指标所涵盖的领域更为重要。来自居民的主观满意度指标进入考核体系，有助于城市政府以居民的实际需求为导向配置行政资源，注重解决居民所面临的突出民生问题，减少表面文章、面子工程和形象工程。

回顾与点评

此文应《中国发展观察》约稿而作，刊发于该刊2013年第9期。文中所点到的这些问题，实际上都与地方政府的行为方式有关，在此之前已借研究"城市病"的体制性根源的机会进行了分析。本文的重点在于提出了以权利平等为目标，梯度赋权为手段，通过逐步解决农民工群体在市民权利、劳动者权利、土地产权权利这三方面的权利，促进农民工市民化的观点。8年的时间过去了，回看现实，虽有进展，但与期望仍有较大距离。

我国"城市病"的体制性成因与对策研究

一 我国"城市病"的体制性成因分析

我国的城市发展受到许多体制性因素的影响，这些体制性因素形成了我国城市发展特殊的动力机制。因此，我国的"城市病"除了拥有与其他国家的"城市病"相同的成因之外，还具有许多我国特有的体制性成因。关于"城市病"的一般成因及其破解对策已不乏深入细致的研究，但就我国独特的体制性成因及其破解之策的研究尚不多见，因此拟重点关注这些体制性成因，力图通过对这些成因进行深入的分析来探求破解我国"城市病"的对策。以下分别从干部选拔机制和政绩考核体系、财税体制、土地制度、规划体制、中央地方关系等角度出发展开分析。

（一）从干部选拔机制和政绩考核体系角度的分析

1986年《中共中央关于严格按照党的原则选拔任用干部的通知》中规定的选拔干部的程序为：民主推荐，广泛听取意见，提出选拔对象；组织人事部门考察，党委集体讨论决定后按干部管理权限上报；上级组织部门进一步考察，然后提请党委讨论审批。此后，虽经《党政领导干部选拔任用工作暂行条例》（1995年）、《党政领导干部选拔任用工作条例》（2002年）、《中共中央关于加强党的执政能力建设的决定》（2004年）等条例和文件的完善，但主要领导提名、组织部门考察和党委讨论始终都是关键的程序，本质上属于自上而下的行政任命制。同时，对于领导干部的政绩考核，是选拔任用干部的重要依据，也对地方领导干部的行为取向具有重要的导向作用。

1979年，《中共中央组织部关于实行干部考核制度的意见》中正式提出了考绩的概念；1983年，中央召开全国组织工作会议，规定了德、能、勤、绩四个方面的考核内容，而重点是考核具体工作实绩，从此确立了工作成效在评估体系中的主导地位。1988年，中央组织部印发了《地方政府工作部门领导干部年度工作考核方案（试行）》，详尽规定了干部考核的程序和内容，工业产值、农业产量、基础设施投资、税收等数量指标成为考核的必备项目。实施考核方案的"说明"将考核形式确定为"上级领导机关负责，同级党的全体委员会和同级人民代表大会常务委员会参与的考核制"，最后由"主管首长对被考核者申报的工作进行绩效评价，评价等级分为'好''较好''一般''较差'四档"。此后，各地对政绩考核进行了积极的探索，政绩考核作为一项制度得到大范围的普及。现在，各级党委、政府都有目标考核办公室实施对下级党委、政府的年度工作目标考核，各级组织部门每年进行干部年度考核。

但是，随着政绩考核的普及，以及由此产生的对政府官员乃至地方政府行为方式的重要导向作用，政绩考核体系本身的不够科学合理所带来的负面效应开始受到越来越多的关注。对于政绩考核体系的批评主要包括：①考核指标不够全面。系统过于强调经济指标,特别是经济总量和增长指标的考核,忽视社会发展、可持续发展和人的全面发展指标的考核。②政绩认定不够准确,对显绩与潜绩、真绩与假绩的认定比较困难,难以区分班子政绩和个人政绩,不能对取得政绩的过程和环境进行客观的分析。③考核办法不够科学,缺乏相应的法律和制度作为保障,考核程序没有规范化,定量考核和定性考核不能有机结合起来,考核存在一定盲目性等。

这种偏重于经济指标的政绩考核体系给城市发展也带来了明显的影响,成为加重"城市病"的一个重要原因。其作用机理主要体现在三个方面:①导致城市功能的过度集中。在那些各项功能(如政治中心、经济中心、文化中心、金融中心、信息中心、航运中心、交通枢纽等)原本已经高度集中的特大城市,城市政府为了追求经济指标的增长,仍然大力鼓励产业功能的集聚,积极吸引大型项目的落户,拒绝产业功能的向外转移,结果导致城市资源环境和基础设施的不堪重负。例如北京,虽然1982年的《北京城市建设总体规划方案》中已经确定城市性质是"全国的政治中心和文化中心",不再提"经济中心"和"现代化工业基地",但在之后的实际工作中仍然强调"以经济建设为中心",也一再试图将"经济中心"写入城市定位。再如上海,在中心区制造业向外转移的过程中,想尽各种办法使"肥水不流外人田",希望这些产业能够全部留在郊区区县并得到进一步的发展。②导致重"面子"轻"里子",重形象工程轻民生工程。"面子"工程、形象工程是显绩，容易被关注和纳入评价考核，往往得到优先发展；而城市排水系统等"里子"工程、扶危济困、社会保障等民生工程是潜绩，不容易被关注和评价考核，发展往往滞后。这就导致大城市光鲜华丽的地标性建筑与滞后的地下基础设施形成巨大的反差，近年来一些城市一遇大雨就造成内涝和交通瘫痪就是突出的实例。③导致城市政府"亲商"有余而亲民不足，公共利益往往让位于商业利益。为了追求尽快的经济增长，一些城市政府都将有实力的企业家、开发商奉为座上宾，提出了"爱商、重商、亲商、安商、护商"等口号和政策。在城市房地产开发领域，有的开发商拿到地块后的第一件事就是到政府公关以便修改规划、提高容积率，而且经常能如愿以偿。其结果，城市规划的权威性被轻易破坏，超出规划强度的商业地产开发导致周边的基础设施容量不足，成为引发"城市病"的重要原因。

（二）从财税体制角度的分析

我国目前的财税体制，从对于城市政府行为方式产生重要影响的角度看，主要有三个方面的特征。

（1）事权与财力不相匹配的"集权分散型"的中央地方财政关系。"集权分散型"是日本著名经济学家神野直彦对日本的中央地方财政关系的概括。所谓"集权"，指的是中央财政集中了大部分的财政收入；所谓"分散"，指的是地方政府承担了大部分的支出责任。我国1994年实施的分税制改革，实行了有利于中央财政的税种划分和税收分享比例，但却始终没有划清各级政府的事权和财政支出责任：其结果形成了一种权力主导型的财税体制，财权上收、事权下放。1994~2005年，中央财政收入占全国财政总收入的比重平均为52%，地方各级政府平均为48%，而同期中央所承担的事权平均在30%，地方则达到70%。[①] 2010年，中央财政收入占全国财政总收入的比重为50.1%，地方财政支出占全国财政支出的比重为82.2%。

（2）以企业相关税收作为主要收入来源的税制结构。2010年，全国财政收入83080亿元，其中国内增值税21092亿元，企业所得税12843亿元，营业税11158亿元，三项合计45093亿元，占全部财政收入的比重达到54.3%。按照国家税务总局口径的统计，在全部税收收入中，来自各类企业缴纳的税收收入占比为91.5%，除此之外的居民缴纳的税收收入占比只有8.5%。[②] 从税收归属看，营业税是地方税（不含铁道部门，以及各银行总行、各保险总公司集中缴纳的营业税），企业所得税按企业隶属关系分别归属中央和地方，增值税是中央与地方的共享税，其中的25%归地方。由此可以看出来自企业的税收是地方财政税收收入最重要的来源。

（3）过度依赖于"土地财政"的地方财政收入结构。

[①] 朱诗柱：《我国经济社会发展深层矛盾的财税体制根源探析》，《中共中央党校学报》2007年第4期。

[②] 高培勇：《对接税制改革 实施结构性减税》，《中国证券报》2011年12月12日（A04）。

国土资源部公布的数据显示，2009年，全国土地出让金收入达到15910亿元，相当于地方一般预算收入的48.8%。2010年，全国土地出让金收入达到29110亿元，相当于地方一般预算收入的71.7%。① 此外，地方财政税收收入中还有契税、房产税、土地增值税、城镇土地使用税等与房地产有关的税收，这些税收与土地出让金共同构成了"土地财政"。根据全国工商联房地产商会2008年进行的一项调查，在上海、北京、广州三个城市，房地产开发项目收益流向政府的份额分别为64.5%、48.3%、46.9%。② 国务院发展研究中心的相关研究还表明，设立融资平台以土地为抵押进行融资已经成为各地城市政府的普遍做法，如果加上债务性收入，"土地财政"占地方政府可支配财力的比重甚至超过60%。

财税体制这三个方面的特征，对城市政府的行为方式分别产生如下的影响。

地方政府事权与财力的不相匹配，使得城市政府千方百计地寻求税收以外的收入来源，"城市经营"大行其道。从时间上看，"城市经营"兴起于20世纪90年代后期，恰好是1994年分税制改革之后，也是我国土地市场初步建立之后。从"城市经营"的内涵上看，主要包括通过土地出让获取收益、拍卖转让城市公共设施的特许经营权、出售政府

---

① 王春梅、方辉振：《国民收入分配格局失衡的体制性成因分析》，《中共中央党校学报》2012年第16（05）期。
② 李保春：《我国土地财政现象若干思考》，《财政研究》2010年第7期。

拥有的办公楼等固定资产、以 BOT 等方式吸引民间资本进入基础设施建设与运营领域等方面，其中又以征收农地后拍卖出让获取巨额收益为核心，由此引发圈地卖地热，强征强拆损害农民利益、市政公共服务商业化损害市民利益等多方面的问题。另外，在城市的危旧房改造工作中，片面强调项目资金的自我平衡甚至追求盈利，导致高强度的地产开发进一步向老城区聚集，使得人口和经济活动更加密集，城市的基础设施更加不堪重负。

以企业相关税收作为主要收入来源的税制结构，使得某些地方政府为了扩大税源而千方百计地招商引资，城市政府也不例外，由于企业相关税收中的大头是增值税，而增值税的主要来源是制造业企业，使得大城市也不顾自身资源环境以及基础设施能力等条件，大力促进制造业项目的落户和发展。这种机制与偏重经济增长指标的政绩考核体系共同作用，导致城市功能的过度集中和城市政府的"亲商"重于亲民。

过度依赖于"土地财政"的地方财政收入结构，使得城市政府为了：①获取土地出让金收入而热衷于圈地卖地；②使卖地收益最大化而想方设法人为推高地价；③获取尽可能多的房地产相关税费收入而对房价的高涨听之任之，对于执行中央的房地产调控政策则采取消极敷衍的态度。以上这些在客观上成为大城市住房价格不断上涨，房地产调控政策难以收效的一个重要原因。

（三）从土地制度角度的分析

我国目前的土地制度，从对城市发展有重大影响的角度看，主要具有四个方面的特征。

（1）城乡二元的土地公有制。我国实行的是土地公有制，但城市土地与农村土地的产权主体不同。城市土地为国家所有，农村土地为农民集体所有。国家拥有对土地资源的绝对支配权，国家规定和管制城乡土地的用途。除农村部分集体建设用地之外，建设用地只能使用国有土地。集体不可购买国有土地，国家可以依法征收集体土地。

（2）农村集体土地的产权不完整。在现行的法律框架下，农民集体所拥有的农村土地产权是不完整的。集体经济组织只有土地占有权、使用权、收益权，而没有完全的处分权，农村集体土地只能通过国家的征收才能改变所有权主体和所有权性质。

（3）土地市场由城市政府垄断经营。这主要包括两层含义：首先，供应的只能是城市土地，而非一切土地；其次，土地供应方只能是所有权主体或其代理人，其他任何部门、单位、个人不得实施土地供应行为。城市土地根据来源渠道不同，可以分为"存量"和"增量"两部分。"增量"，即当年新开发转为城市用地的数量，来源于对农村集体土地的征收；"存量"，即现有城市各类用地的数量。

（4）国家实行严格的耕地保护制度和土地利用规划管制制度。国家规定了耕地保护的红线，《全国土地利用总体规划纲要（2006～2020年）》提出了到2020年全国耕地面积保持在18.05亿亩的目标；同时规定："依据土地利用总体规划，国民经济与社会发展规划和国家宏观调控要求，编制和实施土地利用五年近期规划，明确各项用地规模、布局和时序安排……土地利用总体规划一经批准，具有法定效力，任何单位和个人不得违反。各级人民政府批准、核准各类建设项目，必须符合土地利用总体规划。"

上述我国现行土地制度特征中的前三个特征，为城市政府圈地卖地、实行"土地财政"创造便利的条件同时，也使城市政府可以方便地采用"饥饿"方法限量供应土地，人为制造卖方市场，致使地价飙升，从而实现土地增值收益最大化。城市政府既是城市土地的所有者，又是城市土地的管理者和经营者，导致土地资源配置中非市场化因素过多，尤其是行政干预以及权力寻租现象普遍，导致城市发展方向的随意性和不确定性较大，加剧了城市内部空间结构的复杂化和碎片化，以及公共服务的供给不均衡和用地结构的不合理。

另外，现行土地制度对于城市政府扩大拆迁规模，搞大拆大建也具有激励作用。扩大拆迁规模，一方面可以获得优等区位土地的级差地租；另一方面可以制造被动需求，提升二手房和城市周边区域低等价位住宅的价格使房地产热进一步升温。而且，由于主要拆迁对象一般位于老城区，大拆大建趋向于导致老城区的人口和产业活动的进一步聚集，加剧城市的交通拥堵等城市病的症状。

（四）从规划体制角度的分析

目前在我国，属于空间规划范畴或包含空间规划内容的规划主要有：国民经济和社会发展规划（综合性规划）、主体功能区规划、区域发展规划、城乡规划、土地利用规划等专项规划。其中，与城市发展关系最为密切的规划是城乡规划和土地利用规划，但就当前情况来看，这两项规划都存在以下的问题，规划作为引导城市科学发展的手段还远远不能满足要求。

（1）规划本身的科学性不足。特别是在城市政府组织编制的规划中这一问题尤为突出。首先，从各类规划之间的关系看，国民经济和社会发展规划拥有上位规划的地位，城乡规划和土地利用规划的制定都必须以国民经济和社会发展规划为依据，但各地方行政层级的国民经济和社会发展规划是由同级人民政府制定并由同级人民代表大会常务委员会批准实施的。因此，地方政府存在着在国民经济和社会发展规划中尽量把相关指标做大，然后再以此为依据制定符合地方政府意愿的城乡规划和土地利用规划。其次，"规划规划，不如领导的一句话"，规划的决策权高度集中。权力的高度集中容易引发越级决策、责权不对称、言路堵塞、信息无法及时传递和反馈等一系列问题，对规划的科学性造成严重的伤害。最后，在地方政府付费聘请专业规划机构编制规划的体制下，专业规划机构的客观中立性很难保证，"为付费者代言"成为最普遍的现实。

（2）规划缺乏权威性。首先，规划被随意修改的现象比较普遍，很多地方"换一届领导就改一轮规划"。据调查，东部沿海一些城市的1997～2010年的土地利用总体规划布局调整率多在 20% 以上，有的高达 80%～90%[1]；其次，对于违反规划的开发行为处罚力度太弱，起不到震慑违法的作用。甚至有的违法行为是在地方领导默许之下进行的，规划的权威性就更加无从谈起。

（3）规划的时效性有待改善。以城市规划为例，《中华人民共和国城乡规划法》规定，"省、自治区人民政府所在地的城市以及国务院确定的城市的总体规划，由省、自治区人民政府审查同意后，报国务院审批"。但这一审批过程往往旷日持久、经常是等到审批下来时已经需要制定新一轮规划了。这种情况在客观上也损害了规划的权威性。

（4）城市规划的规划过程缺乏公众参与。城市规划一经公布实施，就成为政府意志，带有强制性对各利益相关方产生重大影响。因此，发达国家的城市规划理论非常重视规划过程中的公众参与，将其视为各利益相关方充分博弈并达成妥协的过程，认为这样制定出来的规划具有较高的认可度，也容易得到较好的执行。但我国目前的城市规划还普遍缺乏公众参与的过程，一般的做法是市政府将规划业务委托给城市规划部门下属的城市规划设计研究院或者大学、科研机构，并以各种方式保证城市主要领导的规划意图得以充分体现。而且，由于公众对于规划缺乏认知，也就难以对规划的实施进行监督，使得违反规划，随意修改规划的行为难以

---

[1] 吴次芳：《中国土地利用规划面临的基本矛盾问题及发展策略选择》，长沙：美国林肯土地政策研究院、中国空间规划体系改革研讨会，2010，第 10 页。

受到制约。

由于规划体制存在着上述的多方面问题，规划不仅没能够成为限制权力的滥用、保障城市沿着科学理性的轨道发展的制度工具，相反却成为可以被权力所随意利用的工具，许多追求政绩、片面追求经济增长、圈地卖地、追求财政收入最大化的举措都"借"规划之手而堂皇问世，并由此而成为助长"城市病"产生和恶化的重要原因。

二 对纠正我国"城市病"体制性成因的政策建议

（一）改革政绩考核体系

一个时期以来，政绩考核体系已经受到社会各方面的高度关注。一旦某个领域发生比较突出的问题，就会出现将该领域的绩效"纳入政绩考核体系"的呼声，诸如环境保护、安全生产、住房保障、食品安全、节能减排等领域皆是如此。现在，已有不少地方对政绩考核体系进行了调整，大都是弱化经济增长指标，增加对影响科学发展目标实现的突出领域的指标。

笔者认为：对于政绩考核体系，在一定时期内继续进行完善还是有必要的，这对淡化 GDP 导向，引导城市政府贯彻落实以人为本、全面协调可持续的科学发展观可以起到一定效果。但同时也应认识到这种完善是有其自身的局限性的：没有被列入考核体系的领域会逐渐变成短板，其结果是不断将新的领域加入考核体系当中，而当考核体系变得面面俱到时考核体系也就丧失了可操作性和作为激励工具的有效性。

从另外一个方向对政绩考核体系进行完善的尝试也在一些地方出现,具体而言就是将居民的满意度纳入政绩考核体系。例如,济南市于2008年出台了《中共济南市委 济南市人民政府关于健全推动科学发展促进社会和谐综合考核评价体系的意见(试行)》,新的考评体系突出实践标准,注重群众评价,强化民意指标,落实群众的知情权、参与权、表达权、监督权。作为济南市全年度考核工作的重要组成部分,"群众满意度"调查每年进行两次,分别在年中和年底进行,并按一定比例计入年度考评总分。又如,广东省于2011年10月公布了"幸福广东"指标体系,这一指标体系由客观指标和主观指标两部分构成,客观指标着重反映政府建设幸福广东的工作实绩,主观指标侧重反映人民群众的主观感受,指标体系每年定期公布,并且相关指标考核将纳入广东政绩考核体系。

笔者认为,将居民的满意度纳入政绩考核体系较之不断增加考核指标所涵盖的领域更加重要。有了来自居民的主观满意度指标进入考核体系,有助于城市政府以居民的实际需求为导向配置行政资源,注重解决居民所面临的突出民生问题,减少表面文章、面子工程和形象工程。

(二)改革财税体制

根据前面从财税体制角度对"城市病"所做的成因分析,对财税体制的改革主要须从三个方面进行。

(1)健全财力与事权相配的财政体制。合理界定中央与地方的事权和支出责任。在加快政府职能转变、明确政府和市场作用边界的基础上，按照法律规定受益范围、成本效率、基层优先等原则，合理界定中央与地方的事权和支出责任，并逐步通过法律形式予以明确，力争首先在义务教育、公共卫生、公共安全、住房保障、社会保障等基本公共服务领域划清中央与地方的支出责任。同时，结合推进税制改革，按照税种属性和经济效率等基本原则，研究进一步理顺政府间收入划分，调动中央和地方的积极性。通过健全财力与事权相匹配的财政体制，为城市政府摆脱"土地财政"、摆脱依赖非规范化收入创造条件。

（2）改革税制，摆脱过度依赖企业税收的税制结构。我国目前偏重于企业税收的税制结构。不仅造成地方政府将招商引资作为第一要务、"亲商"重于亲民的局面，也不利于调节收入分配、缩小贫富差距、减轻中小企业负担、稳定价格水平等多项重要政策目标的实现。从国际经验看，发达国家的税制结构的主要特征是以个人所得税、社会保障税和财产税作为三大主体税种。我国的现行税制结构已经落后于经济发展阶段的要求，迫切需要进行改革。改革的基本方向是，在适当降低宏观税负水平的前提下，减少间接税，增加直接税；减少来自企业缴纳的税，增加来自居民缴纳的税。具体措施包括：①继续推进增值税"扩围"和转型，以之取代营业税，以消费型增值税取代生产性增值税，以解决部分商品和劳务的重复征税和税负水平过高的问题；②适当提高个人所得税比重完善代扣代缴制度，建立健全个人收入信息管理机制；③进步推进房地产税制改革工作，积极创造条件推出财产税性质的新型房地产税；④开征部分新税种，如遗产税、赠予税等。

（3）改革征地制度，为"土地财政"釜底抽薪。改革的基本方向是，国家严格限制征地的范围、规模和程序；政府按照市场价格补偿征地；开放建设用地一级市场，允许农民的集体土地所有权入市交易。通俗地说，就是不让城市政府通过征地赚钱，这样"土地财政"现象自然也就消失了。具体措施包括：严格界定公益性和经营性建设用地，在此基础上，对于经营性建设用地的土地取得，政府在保证土地利用规划的权威的前提下，只起中介、见证和监督的作用，给出让土地的农民集体以谈判权。对于公益性用地，由政府出面征购，但价格应参考市场评估价确定。同时，应尽快建立和完善土地基准价格评估体系，以评估价格作为土地市场交易和政府征购价格的参照基准。

上述的这样一些措施，可以使城市政府改变依赖于土地财政、过度依赖企业税收的格局，更加有积极性改善城市的宜居程度，从而有利于"城市病"的缓解。

（三）改革土地制度

根据前面从土地制度角度对"城市病"所做的成因分析，对土地制度的改革主要应包括三个方面。

（1）理顺产权关系，实现城乡土地产权平等。按照各种产权主体在法律面前都具有平等地位的宪法原则和任何产权市场交易主体均应是平等的民事主体的原则：①应理顺国家土地所有权与集体土地所有权的关系。改变两种土地所有权法律地位不平等的现状，赋予集体土地所有权以完全的权能。②理顺土地所有权与其他土地权利的关系。在不动摇土地所有权基础地位的前提下，强化对其他土地权利人合法权益保护的法律制度。③理顺土地管理权力与土地财产权利的关系。土地管理权力是指服务于国家和社会土地利用公共目标的公权力。尽管市场经济体制亦承认和尊重"公权优于私权"，但公权亦不能无偿侵占私权合法的财产权益。要明确规范土地管理公权力存在和行使的范围和程序等，理顺权力与权利的关系，约束公权力按法定权限和程序行使，不能随意动用公权力侵犯私权利。④当行使公权力给私权利人的财产权益带来损失时，应给予合理的补偿。同时，当公权力人作为土地所有者代表进行产权交易时，应以权利人，而不是权力人的身份出现，应与其他土地权利人一样，遵守公平、公正、公开和依法、自愿、有偿以及诚实守信等市场交易规则。

（2）尊重农民的财产权利，建立公开、公正的征地程序。一些地区在征地工作实践中，结合本地实际情况，在征地程序方面已进行了有益的探索，值得借鉴。征地程序可以改为"申请征地—预公告—协商补偿安置—报批审查批准—公告—实施补偿安置—供地"。

建议国家建立有关征地纠纷的司法裁决机制。对集体土地所有者提出的征地不合法、补偿不合理、安置不落实等问题，由司法机关按照司法程序解决征地纠纷，尽可能地减少政府对征地纠纷裁决的参与。对政府征地违法行为,农民可以寻求司法救济,申请国家赔偿。通过加强执法、加大司法裁决力度,既有力保障公共利益征地能够顺利进行,维护国家利益,同时又有效保护被征地农民的合法权益不受侵犯,维护社会稳定。

(3) 打破政府垄断建设用地一级市场的格局。建立集体建设用地进入市场的相关规则,从而建立城乡统一的建设用地交易市场,让两种不同所有制的土地在同样严格遵守规划和用途管制的前提下,实现同地、同价、同权。

这些措施将使城市政府丧失圈地卖地、赚取不平等的地权造成的差价的制度基础,有利于平抑地价、减少对城市发展秩序的扰动、减少大拆大建,从而有利于"城市病"的缓解。

(四) 改革规划管理体制

针对规划管理体制目前存在的突出问题,建议从以下几个方面着手进行改进。

(1) 改革规划管理方式,强化规划的权威性。在大城市建立规划审议会或城市规划委员会制度,审议会成员由专家学者和利益相关方代表组成,城市规划和土地利用规划的编制和修编均须经审议会审议通过。严格控制城市总体规划和土地利用总体规划的修改,凡涉及改变开发强度、土地利用方向、规模、重大布局等原则性修改,必须经同级人民代表大会审议通过后,报原批准机关批准。

(2) 改革规划的内容和编制方法,提高规划的时效性。

现行的总体规划内容过多，编制审批周期过长，往往批准下来之时，城市发展已是另一番新的面貌。改革城市总体规划，主要是简化规划内容，缩短审批周期。主要解决好城市发展的重大战略问题，主要包括城市的性质、规模、布局等关系城市长远发展的大问题。那些相对细节的内容，则交给控制性详细规划或"法定图则"来加以规定。

（3）完善规划制定中的公众参与。党的十七大报告指出，要"增强决策透明度和公众参与度，制定与群众利益密切相关的法律法规和公共政策原则上要公开听取意见"。城市规划具有政治性、社会性、公益性特征，与居民的切身利益密切相关，强化规划制定过程中的公众参与十分必要。公众参与城市规划既是解决我国当前社会转型中城市发展中的各种深层次矛盾的有效方法，也是解决我国城市规划长期以来缺少权威性、常需按领导意志而随意改变的有效途径。如果公众参与规划作为必经程序建立起来，就意味着规划的制定和修改过程都是公开的，并要经过公众讨论，领导要随意改变就比较难了。而经过公众广泛讨论的规划会更有权威性，实施起来也更容易得到支持。借鉴相关的国内外经验城市规划的公众参与应当包括：①在规划的基本方针或初稿完成后举办说明会向公众进行说明解释；②设定一定的公示期间征询公众意见；③吸收公众意见对初稿进行修改形成正式的征求意见稿，并说明对公众意见的采纳情况；④再次进行公示并征询公众意见；⑤完成规划并经规划审议会审议通过，经人民代表大会常务委员会批准后公布实施，公众可以随时对规划的实施情况进行监督并向规划管理部门进行质询。

回顾与点评

　　本文撰写于 2012 年春，原文是两篇国务院发展研究中心"调查研究报告"，题目分别是"我国'城市病'的体制性成因分析"和"对纠正我国'城市病'体制性成因的政策建议"，在此将其合二为一。这篇文章实际上可以说是自己多年来思考中国发展问题的一个小结。

　　在经历了多个领域的政策研究工作之后我逐步形成一个认识，即中国发展中出现的许多问题都与地方政府的行为方式有关。如果能够把决定地方政府行为方式的体制机制性因素分析清楚，提出的政策建议岂不是"釜底抽薪"式的？基于这样的想法，我开始寻机将其付诸实践。就在这个时期，以北京为代表的特大城市的"城市病"问题引起了社会与决策层的关注，我所在的国务院发展研究中心社会发展研究部将"我国'城市病'的体制性因素与对策研究"列为 2011 年部门重点课题，由我牵头开展研究。于是我亲自担纲核心部分的撰写，借此对影响地方政府行为方式的主要因素进行了分析，遂成此文。

推进城镇化健康发展的城市规划

一 我国当前城市规划领域存在的主要问题

毋庸置疑，改革开放以来我国的城市规划工作取得了很大的进展。绝大多数城市已经编制和实施了两轮城市总体规划，一些城市已经编制完成和正在实施第三轮城市总体规划。1989年《中华人民共和国城市规划法》（2008年起被《中华人民共和国城乡规划法》所取代）的颁布，也使城市规划在我国目前空间规划体系中具有了合法性。但是，由于多方面的原因，城市规划领域存在的问题也非常突出，一个典型的例子是，在某城市开展政府部门满意度公开评议时，该市的城市规划局竟然位居倒数第一。住房和城乡建设部某领导曾将我国城市规划中存在的问题概括为一句话："滞后的理性和幼稚的法治。"[1] 以下对我国当前城市规划领域存在的主要问题进行大致的梳理。

（一）规划本身的科学性不足

首先，从各类规划之间的关系看，国民经济和社会发展规划拥有上位规划的地位，城市规划的制定必须以国民经济和社会发展规划为依据。但各地方行政层级的国民经济和社

---

[1] 仇保兴：《追求繁荣与舒适：中国典型城市规划、建设与管理的策略》（第二版），中国建筑工业出版社，2007。

会发展规划是由同级人民政府制定并由同级人大批准实施的。因此，城市政府存在着在国民经济和社会发展规划中尽量把相关指标做大，然后再以此为依据制定符合各地意愿的城市规划。其次，从规划的决策权来看，权力的高度集中容易引发越级决策、责权不对称、言路堵塞、信息无法及时传递和反馈等一系列问题，对规划的科学性造成严重的伤害。再次，在城市政府付费聘请专业规划机构编制规划的体制下，专业规划机构的客观中立性很难保证，出现"为付费者代言"的情况。这些因素导致规划目标经常是随心所欲而脱离实际。国家发展和改革委员会城市和小城镇改革发展中心 2013 年的研究标明，根据所摸查的全国 12 个省（区、市）的 156 个地级市和 161 个县级市的新城新区规划，规划面积和人口普遍超越现实。[1]

（二）规划缺乏权威性

首先，规划被随意修改的现象比较普遍，很多地方"换一届领导就改一轮规划"。据调查，东部沿海一些城市的 1997~2010 年的土地利用总体规划布局调整率多在 20% 以上，有的高达 80%~90%[2]；其次，对违反规划的开发行为处罚力度太弱，起不到震慑违法的作用。甚至许多违法行

---

[1] 国家发展和改革委员会城市和小城镇改革发展中心：《新城新区建设现状调查和思考》，《城乡研究动态》，2003，第 229 页。
[2] 吴次芳：《中国土地利用规划面临的基本矛盾问题及发展策略选择》，长沙：美国林肯土地政策研究院、中国空间规划体系改革研讨会，2010，第 10 页。

为是在某些地方领导的支持或默许下进行的，规划的权威性就更加无从谈起。例如，武汉市一个名为"外滩花园"的房地产开发项目，总建筑面积超过6万平方米，建在了《中华人民共和国防洪法》明令禁止的地段，按照武汉市城市总体规划也属于非法建设用地。在2001年1月中央电视台《焦点访谈》栏目曝光之后，该项目被拆除。[①]

（三）规划的时效性有待改善

以城市规划为例，《中华人民共和国城乡规划法》规定，"省、自治区人民政府所在地的城市以及国务院确定的城市的总体规划，由省、自治区人民政府审查同意后，报国务院审批"。但这一审批过程往往旷日持久，一般需要3~5年，有的甚至更长。在我国工业化和城市化快速发展的当前阶段，城市发展迅速，等到规划批准下来，实际情况已经发生很大变化，往往已经需要制定新一轮规划了。这种情况在客观上也损害了规划的权威性，总体规划几年批不下来，城市天天在发展，城市一般都"等不起"，于是就按照上报的规划安排建设。有些城市甚至不急于上报而自行实施。这样，总体规划的宏观指导作用以及国家审批的严肃性和权威性就受到了很大的影响。

（四）城市规划的过程缺乏公众参与

城市规划一经公布实施，就成为政府意志，带有强制

[①] 仇保兴：《追求繁荣与舒适：中国典型城市规划、建设与管理的策略》（第二版），中国建筑工业出版社，2007。

性，对各利益相关方的利益产生重大影响。因此，发达国家的城市规划理论非常重视规划过程中的公众参与，将其视为各利益相关方充分博弈并达成妥协的过程，认为这样制定出来的规划具有较高的认可度，也容易得到较好的执行。但我国目前的城市规划还普遍缺乏公众参与的过程，一般的做法是市政府将规划业务委托给城市规划部门下属的城市规划设计研究院或者大学、科研机构，并以各种方式保证城市主要领导的规划意图得以充分体现。而且，公众对规划缺乏认知，也就难以对规划的实施进行监督，使得违反规划、随意修改规划的行为难以受到制约。

（五）城市中的开发区规划与城市总体规划脱节

改革开放以来，开发区作为吸引投资、集聚企业、推进制造业发展的重要手段被广泛运用。根据2007年4月6日国家发展和改革委员会等3部门发布的公告[1]，当时通过国家审核的开发区已达1568家，其中国务院批准设立的222家，省级政府批准设立的1346家。对于许多大城市来说，利用开发区来加快新区的建设从而使老城区得到疏解本来应是一个合理的选择。但长期以来，由于城市规划编制的滞后，加上受到"三为主"方针（指原国务院特区办公室规定的国家级开发区建设必须以引进外资企业为主、工业企业为主、高新技术企业为主的方针）的限制，许多城市的开发区

---

[1] 新华社：《三部门联合发布公告通过国家审核的1568家开发区》，http://www.gov.cn/jrzg/2007-04/06/content_574233.htm［2013-03-25］。

并没有作为城市的有机组成部分来发展，从而不能成为老城区产业和居民住宅有效疏散的发展区，更严重的是造成老城区建筑密度过高和开发区土地资源浪费现象并存的困境。①

由于城市规划存在着上述的多方面问题，它不仅没能够成为限制权力的滥用、保障城市沿着科学理性的轨道发展的制度工具，相反却成为可以被权力所随意利用的工具，许多追求政绩、片面追求经济增长、圈地卖地、追求财政收入最大化的举措都"借"城市规划之手而堂皇问世，并由此而成为引发众多城市问题的重要原因。

二　问题的原因分析

对于以上所梳理的我国城市规划领域存在的多方面问题，究其原因，大致有以下三个方面。

（一）过度集中且缺乏制约的行政权力随意干预规划决策

仇保兴认为，城市规划主要职能是为了克服各类市场主体失效所引发的城市资源配置效率低下的问题。① 关于公共产品的决策质量，是由决策过程的民主化和科学化程度来决定的。只有城市规划决策过程的充分民主化及由此所形成的科学化，才能为全体社会成员公平承担公共产品生产责任和公平分享公共产品的正外部性奠定基础。但在现实中，决策过程的封闭、行政权力的过度集中和缺乏制衡相当普遍，使

---

① 仇保兴：《追求繁荣与舒适：中国典型城市规划、建设与管理的策略（第二版）》，中国建筑工业出版社，2007。

城市规划随意性加大、科学性降低，不仅造成公共利益容易受到伤害，而且也无法追究因决策失误所导致的重大损失的责任，使城市规划的决策失当，步入恶性循环。

（二）法规之间存在相互抵触而协调困难

城市总体规划的法律依据《中华人民共和国城乡规划法》与《中华人民共和国土地管理法》《中华人民共和国水法》《中华人民共和国环境保护法》等法律之间存在着互相冲突的条款。常见的情况是，城市总体规划被其他专业性规划所"肢解"从而失去了"总体"功能。例如，依据《中华人民共和国土地管理法》制定的土地利用总体规划与城市总体规划之间的不协调性就很有代表性。土地利用总体规划是对土地资源的开发、利用、整理、保护等在时间和空间上所做的总体的、战略的安排，具有主体目标单一性。而城市总体规划是综合考虑城市经济社会发展，生态环境和文化遗产保护等各方面的因素的综合性规划。一般来说，城市规划区内的土地利用总体规划已经包含在城市总体规划之内。但《中华人民共和国土地管理法》又规定了城市规划区范围的划定和用地规模的确定，均应以"土地行政区划"和"耕地总量的动态平衡"为依据。而且由于这两个规划的编制、审批单位不同，重复工作、相互不能衔接就成了基层遇到的经常性难题。[①]另外，由于两个规划的用地分类不同，用地数据的统计口径不同，两者之间缺乏数据的直接沟通和可比性。

一个更深层次的原因是，在当前政府与市场的关系还

· 145 ·

未理顺的情况下,"权力利益化、利益部门化、部门法制化"的现象普遍存在。由部门主导的立法不可避免地成为确立部门利益的过程,相关立法之间相互冲突也就难以避免了。

(三)编制规划的开放度不足

长期以来,我国城市规划的编制过程相对封闭,只是在行政权力主导和规划专家主导之间稍有摇摆。但是城市中存在着多种多样的利益主体,城市规划的结果必然地给不同的利益主体带来不同的影响。因此,在城市规划编制的过程中如果没有经过各利益主体之间的协商和博弈,编制出来的规划就难以得到各方的认可,其实施效果就将大打折扣,落得一个"墙上挂挂"的结果。制定于1977年的《马丘比丘宪章》明确指出:"城市规划必须建立在各专业设计人、城市居民、公众和政治领导人之间的系统的不断的互相协作配合的基础上。"

三 当前城市规划工作面临的新环境新问题新挑战

城市是人类主要的聚居区,也是各种人类活动的集中地区。因此,经济、社会、政治、文化等各领域的各种变化都会在城市中得到集中反映,并对城市发展产生相应的影响。而城市规划作为适应、协调和管理城市发展的手段,必须对城市发展所面临的新环境新问题新挑战有比较充分的理解和把握,并在此基础上及时改进,从而使城市规划能够具有较好的前瞻性、适应性和科学性。

(一)城市的持续快速发展

自20世纪90年代以来,我国的城市化进入快速发展时期,1996~2011年城市化率年均提高1.39个百分点,2011年城市化达到51.27%。[1] 一般认为,城市化率30%~70%期间属于城市化快速发展时期,根据中国社会科学院城市发展与环境研究所的预测,未来一个时期我国城市化率平均提高幅度将保持在0.8~1.0个百分点。[2] 到2030年之前,我国仍将有2亿多农村人口要转移到城镇就业和居住。1980~2005年,进城人口的42.2%是靠100万人口以上的都市区吸纳的,这一比重预计在2010~2025年将达到57.9%,这一趋势构成了城市规划重要的基本背景,在城市规划中必须对基础设施建设和公共服务的提供做出相应的安排。

(二)经济全球化对城市发展的影响继续深化

经济全球化是当代世界经济的重要特征之一,也是世界经济发展的重要趋势。20世纪90年代以后,经济全球化的进程大大加快了。经济全球化,有利于资源和生产要素在全球的合理配置,有利于资本和产品全球性流动,有利于科技全球性的扩张,这是人类发展进步的表现,也是世界经济发展的必然结果。经济全球化的重要特征是资源配置的全球化、资本流动的全球化和快捷化。联合国贸易和发展会议的统计表明,目前世界生产总值的1/3、世界贸易额的2/3、

---

[1] 作者根据《中国统计年鉴》计算所得。
[2] 魏后凯:《中国城市化转型与质量提升战略》,《上海城市规划》2012年第4期。

世界对外直接投资的90%都是由跨国公司创造的。经济全球化对城市发展的影响主要也由此产生。首先，由于国际流动资本的影响范围不断扩大和流动速度大大提高，给城市经济的发展带来了很大的不确定性；其次，在国际贸易领域也出现了城市之间的分工，有的城市从事某生产链的高端产业，有的城市从事低端产业，产业不断的分工与激烈的竞争既带来了发展的机遇，同时也带来了挑战。合理的、具有较好前瞻性的城市规划有助于城市更好地抓住机遇和应对挑战。

（三）资源环境约束、节能减排目标的影响日益强化

城市化是经济发展的结果，工业化是城市化的主要动力。改革开放以来我国城市化的快速发展，是以国民经济的持续快速发展为支撑的。但是长期以来，我国的经济发展是一种以外延扩张为主的粗放型模式，以高增长、高消耗、高排放为特征。2007年，我国GDP约占世界总量的5.9%，而水泥消耗占世界的47.3%，一次能源消耗占16.5%，粗钢表观消费量占33.9%。[①] 尽管我国人均CO_2排放量与世界平均水平基本持平，但单位GDP排放强度却是世界平均水平的3.16倍。中国经济的这种高消耗、高排放特征在城市得到集中体现。以能源消费为例，在2007年中国终端能源消费中，非农产业和城镇生活消费占82.4%。根据国际能源署提供的数据，2005年中41%的城镇人口却产生了75%

---

① 魏后凯：《论中国城市转型战略》，《城市与区域规划研究》2011年第4（1）期。

的一次能源需求。①

在持续了多年的快速发展之后,我国的经济发展已经面临越来越突出的资源环境制约,同时人民群众对良好生态环境的要求越来越迫切。在资源约束方面,我国的石油对外依存度达到56.7%,重要矿产资源的对外依存度也在快速上升,2/3的城市缺水,110座城市严重缺水,耕地逼近18亿亩红线;在环境形势方面,环境状况总体恶化趋势没有根本遏制,一些重点流域水污染严重,部分城市雾霾天气增多,环境群体性事件频发。在这种严峻的形势下,党的十八大报告明确了"大力推进生态文明建设"的总体要求,提出"把生态文明建设放在突出地位,融入经济建设、政治建设、文化建设、社会建设各方面和全过程"。"着力推进绿色发展、循环发展,低碳发展,形成节约资源和保护环境的空间格局、产业结构、生产方式、生活方式。"要实现这些要求,城市是毫无疑问的主战场,城市规划作为配置资源的重要辅助工具,既是可以大有作为的,也负有重大的责任。

(四)公众的利益表达诉求与参与公共事务需求的高涨

根据美国社会心理学家马斯洛的需求层次理论,当人们的安全、温饱等低层次需求得到满足之后,就将转而关注归属、尊严、自我实现等高层次的需求。随着我国基本建成小康社会、进入上中等收入国家行列,居民对依法行使民主权

---

① International Energy Agency (IEA). World Energy Outlook, 2008.

利、参与公共事务的需求日益高涨,他们不再甘于只作为政府决策的接受者及其后果的承担者,而是希望有更多的表达意愿和参与决策的机会,近年来频频发生的环保群体性事件,实际上就是这种参与需求的一种表现。另外,由于现代社会的一个重要特征是社会成员价值观的多元化,利益主体的分化和利益诉求的多元化趋向越来越明显。由于城市规划的核心内容是空间资源的配置和空间管制,因此必然地涉及城市中众多利益主体的利益,受到各利益主体的高度关注。如何适应现代社会管理的要求,使规划过程成为各利益主体充分协商的过程,是今后城市规划将要面临的一大挑战。

(五)提高城镇化质量的需求

积极而稳妥地推进城镇化发展,是我国当前和今后一个时期的重点任务之一。而我国城镇化发展的核心问题是提高城镇化的质量,使处于"半城市化"状态的两亿多城市非户籍常住人口能够顺利实现市民化。市民化的本质,是新老市民权利的平等化,老市民所拥有的社会权利和享受的公共服务新市民也能够平等地拥有和享受。过去的城市规划对此考虑严重不足,今后的城市规划在这方面必须做出重大改变。

(六)新技术革命的影响

从历史上看,每次的技术革命都会引发重大的经济转型,对人类的生产方式和生活方式产生重大的影响。最近一个时期,关于第三次工业革命是否已经到来的问题引起广泛的关注。有学者认为,互联网技术与可再生能源的结合,将使全球出现第三次工业革命。也有学者认为,全球正在经历第三次工业革命,其核心是以 3D(three dimensional,三维)打印为代表的数字化制造,大量个性化生产,分散式就近生产将成为重要特征。再加上云计算、物联网等新技术的推广应用,第三次工业革命已现端倪。我国住房和城乡建设部也已经发布文件,明确要推行智慧城市的试点工作,加强现代科学技术在城市规划、建设、管理和运行中的综合应用。所有这些都要求未来的城市规划工作必须顺应时代潮流的变化,对于规划思路、规划目标、规划方法和手段等方面都进行相应的调整。

(七)人口老龄化的影响

我国在 20 世纪末已开始进入老龄化社会。截至 2012 年底,我国 60 岁及以上老年人口达 1.94 亿人,占总人口的 14.3%。根据人口学的相关研究,未来 20 年,我国老龄化将进入加速发展阶段,老龄化程度将不断加深,到 2030 年,我国老年人口占总人口的比例将达到 14% 左右,成为高度老龄化的国家之一。[①]

而对快速发展的人口老龄化,我国在很多方面还没有做好准备。例如,各种类型的养老设施与相对应的养老需求相比还有较大缺口;社区养老设施空间分布失衡;社区养老设施的配建相对滞后;等等。从城市规划的角度看,"未雨绸缪"地应对人口老龄化的时机基本上已经丧失,但是有大量"亡羊补牢"的工作需要尽快开展,从而使我国的城市

---

① 吴玉韶、党俊武:《中国老龄事业发展报告》,社会科学文献出版社,2013。

在应对人口老龄化大潮所带来的影响之时不致过于被动。

（八）电子商务的迅猛发展

作为互联网技术的一个重要应用领域，我国的电子商务近年来正在迅猛发展，即使受到全球金融危机的影响，我国的电子商务在2007～2010年的年均增长也超过30%。网络零售额占社会消费品零售总额的比重从2006年的0.4%，快速上升到2012年的6.3%。2012年我国网络购物市场增速超过40%，预计2013年整个网络购物交易规模将超过美国，成为全球第一大网上交易市场。[①] 2013年的"双十一"，仅阿里巴巴集团一家的网购平台创下的交易额就超过350亿元。

电子商务的快速崛起，深刻地影响着社会经济的运行方式，影响着人们的生产、消费和生活方式。同时，对于城市的发展也必将带来深远的影响。电子商务服务业的发展使得商业服务的提供在一定程度上脱离了传统的城市商业设施，越来越多的商业零售活动从实体店铺转到了网络之上。电子商务还促进了第三方物流的大发展，以快递业为例，2007～2011年快递业务量年均增长率达到27.2%[②]。2012年，仅淘宝网和淘宝商城每天包裹量就已经超过1200万件，占国内快递业的60%，京东商城在上海、北京、武汉、成都、

---

① 荆林波、梁春晓：《中国电子商务服务业发展报告No.2》，社会科学文献出版社，2013。

② 荆林波：《技术变革与电子商务在中国的发展》，《价格理论与实践》2013年第3期。

广州五地建设了一级仓储物流中心，在沈阳、济南、西安、南京、杭州、福州、佛山、深圳设立了二级物流中心。当前，很多城市都把发展电子商务服务业作为城市现代服务业的重点，通过建立电子商务园区，提供政策优惠措施等方式吸引电子商务服务业企业投资。从城市规划的角度看，一方面要及时把握电子商务的发展趋势及其所带来的变革；另一方要研究和探索如何对这种变革和影响做出响应和应对。

四 适应城镇化发展新形势的城市规划：思路与建议

针对我国目前城市规划领域存在的突出问题，建议从以下几个方面着手改进。

（一）改革规划管理方式，强化规划的权威性。

在大城市建立规划审议会或城市规划委员会制度，审议会成员由专家学者、人大代表和利益相关方代表组成，城市规划和土地利用规划的编制和修编均须经审议会审议通过。严格控制城市总体规划和土地利用总体规划的修改，凡涉及改变开发强度、土地利用方向、规模、重大布局等原则性修改，必须经同级人民代表大会审议通过后，报原批准机关批准。

（二）引入城市总规划师制度，在城市规划领域实现一般性行政与技术性行政的分立。

城市总规划师是一种世界上较为流行的制度，德、法、英、美、俄等许多国家的城市政府都普遍采用。该制度实际上属于一种机制稳定的文官制度范畴，具有职务常任、政治中立、择优录用三大主要特征。城市总规划师相当于城市规划建设总体决策上的总参谋部，有利于增强决策的科学性，保证规划及其实施的正确性和连续性。城市总规划师的职责包括：①负责城市的规划修编和政策制定的协调和计划工作；②沟通联络和协调社会各界，倾听他们的意见和建议，协调和解释重大分歧；③对规划的实施进行"现场"监督，及时汇总各方面的意见，定期对规划进行检讨和修改；④具体安排市规划审议会或委员会的议程，协助市主管领导审议各项议题，最后代表审议会或委员会提出意见和建议。①

（三）改革规划的内容和编制方法，提高规划的时效性。

现行的总体规划内容过多，编制审批周期过长，往往批准下来之时，城市发展已是另一番新的面貌。改革城市总体规划，主要是简化规划内容，缩短审批周期，解决好城市发展的重大战略问题，一般包括城市的性质、规模、布局等关系城市长远发展的大问题。那些相对细节的内容，则交给控制性详细规划或"法定图则"来加以规定。

（四）完善规划制定中的公众参与。

党的十七大报告指出，要"增强决策透明度和公众参与度，制定与群众利益密切相关的法律法规和公共政策原则上要公开听取意见"。党的十八大报告进一步强调，要"保障人民知情权、参与权、表达权、监督权……凡是涉及群众

---

① 仇保兴：《笃行借鉴与变革：国内外城市化主要经验教训与中国城市规划变革》，中国建筑工业出版社，2012。

切身利益的决策都要充分听取群众意见"。城市规划具有政治性、社会性、公益性特征，与居民的切身利益密切相关，强化规划制定过程中的公众参与十分必要。公众参与城市规划既是解决我国当前社会转型中城市发展中的各种深层次矛盾的有效方法，也是解决我国城市规划长期以来缺少权威性、随领导意志而随意改变的有效途径。如果公众参与规划作为必经程序建立起来，就意味着规划的制定和修改过程都是公开的，并要经过公众讨论，领导要随意改变就比较难了。而经过公众广泛讨论的规划会更有权威性，实施起来也更容易得到支持。借鉴相关的内外经验，城市规划的公众参与应当包括：①在规划的基本方针或初稿完成后举办说明会向公众进行说明解释；②设定的公示期间征询公众意见；③吸收公众意见对初稿进行修改形成正式的征求意见稿，并说明对公众意见的采纳情况；④依次进行公示并征询公众意见；⑤完成规划并经规划审议会审议通过、经人民代表大会常务委员会批准后公布实施，公众可以随时对规划的实施情况进行监督并向规划管理部门进行质询。另外，现代信息技术和图像技术为规划相关信息在规划部门与公众之间快速便捷地沟通提供了极大的可能性，规划部门应积极加以运用。

（五）对以开发区为代表的城市新区的开发和建设，必须坚持统一规划和管理的原则，防止片面强调开发区的自我发展、擅自下放规划管理权限的倾向。

城市新区的开发和建设应该结合城市总体的社会经济发

展状况，结合现有基础设施和公共服务设施的配置，结合各项城市功能的供需状况及未来发展趋势，合理确定新区各项功能的配置，合理配套建设各类基础设施和公共服务设施，防止片面强调某一方面的功能（对开发区而言一般是生产功能）而忽视其他功能的倾向。

（六）需要顺应时代的要求，开展低碳城市规划的探索。

城市规划要提出本规划区域温室气体的排放总量控制、土地利用的排放总量控制、碳汇清除量、城镇建设的排放总量控制等标准。在城市总体规划阶段，需要对城市形态、土地利用、交通体系进行整体研究、综合考虑城市整体的形态构成、土地利用模式、综合交通体系模式、基础设施建设及固碳措施。在详细规划及城市设计层面，应根据总体规划确定的城市形态、土地利用、交通系统，对城市中功能相对集中的地区进行有针对性的研究，并提出具体的减少碳排放、增加碳汇的规划设计对策。[①] 另外，环境保护部（现为生态环境部）正在开展编制城市环境保护总体规划的试点工作，如何使城市规划与城市环境总规的编制工作能够相互协调、互相促进，也是一项非常值得探索的新任务。

回顾与点评

本文刊发于 2013 年第 6 期的《城市规划学刊》。当年

---

① 罗巧灵、胡忆东、丘永东：《国际低碳城市规划的理论、实践和研究展望》，《规划师》2011 年第 27（05）期。

11月初,第十届中国城市规划学科发展论坛在同济大学举行,受论坛主办者邀请,我在论坛上做了题为《我国城乡规划面临的新环境、新问题、新挑战》的主题演讲。本文系根据该演讲整理而成。

文中列举了我国的城市规划领域存在的诸多问题,但处理不好公权力与私权利的关系,甚至规划沦为权力的工具才是最大的问题。因此,在很多情况下,规划往往就是个"背锅侠"。

我国城市发展中值得关注的几个影响因素

当前,我国的经济社会发展进入了新的阶段,一些重大的环境变化已经发生。而城市作为聚集人口和经济活动的空间,首先受到这些重大环境变化的影响。因此,思考今后一个时期的城市发展问题,必须对这些重大环境变化及其对城市发展带来的可能影响进行分析和预判。基于这样的考虑,本文聚焦于技术进步、消费需求升级、人口老龄化三个方面的环境变化,探讨其对城市发展可能带来的影响。

一 日新月异的技术进步

很多人都会发现,对比 10 年前,我们的生活方式已经发生了巨大的变化。以达沃斯世界经济论坛主席施瓦布教授为代表的一些学者认为,第四次工业革命已经到来。有专家提出,第四次工业革命是在物联网技术、大数据与云计算以及人工智能、3D 打印技术推动下,开始的生产与服务智能化、生活信息化及智能化的全新革命。而且,这种技术进步的发展速度是空前的,用施瓦布的话说就是:"如果与此前的工业革命相比,第四次工业革命不是以线性速度前进,而是呈几何级增长。"[①] 以下就选取几项新技术作为对象,探讨其对城市发展可能产生的影响。

---

① 施瓦布·K:《第四次工业革命》,中信出版社,2016年。

（一）人工智能技术

2016年3月，人工智能围棋程序"阿尔法狗"在五番棋人机大战中以4∶1战胜顶尖棋手李世石，成为人工智能发展史上的一个标志性事件。人工智能（artificial intelligence，AI）是计算机科学的一个分支，它企图模拟人的意识和思维的信息过程，创造出一种能与人类智能类似的方式做出反应的智能机器。其主要涵盖范围包括智能机器人、计算机视觉、自然语言处理、自动推理和搜索方法等。其应用领域极为广泛，目前已大规模应用于智能驾驶、人脸识别、语音识别、金融交易等多个领域。

以前述"人机大战"为契机，人们对人工智能的关注快速升温。2017年初，美国社会科学联合会（Allied Social Science Association，ASSA）年会专门组织了人工智能与经济研讨会。著名咨询公司埃森哲也于同年发布题为《人工智能：经济发展新动力》的研究报告，提出人工智能是一种新的生产要素。许多经济学家认为，人工智能使得机器开始具备人类大脑的功能，将以全新的方式替代人类劳动，冲击许多从前未受技术进步影响的职业，其替代劳动的速度、广度和深度将大大超越从前的技术进步。

基于目前对人工智能还十分有限的了解，初步推断其对未来城市发展的影响可能会体现在以下几个方面。第一，在所有用机器替代人工具有经济性的工作岗位，机器替代工人将成大势所趋。在大批量标准化生产的制造业生产线上这种趋势将最为明显。这将使得一些传统的劳动密集型产业变身为资本和技术密集型产业。从事这些产业的企业由于用工的大量减少，对城市的生活支持功能的依赖程度降低，将生产线转移到地价较低、运输条件便利的公路沿线、高速公路出入口附近以及港口地区，将是经济上有利的选择。而企业的这种选择，将使城市的土地利用格局发生改观，我国城市中工业用地占比过大的现状有望得到一定程度的纠正，有利于提高城市的宜居性和绿色化水平。第二，随着人类把机械性的、单调的工作逐步交给人工智能来完成，大部分人用于工作的时间将会减少，而用于学习、兴趣爱好、娱乐休闲、康体健身的时间将相应增加。城市需要适应居民生活方式的这种变化，从而引发城市规划布局和设施建设的相应变化。第三，随着生产线上的机械性重复岗位被机器人替代，企业中需要按照时间来计算薪酬和绩效的岗位会越来越少，对员工将主要以工作完成程度和效果来评价。再加上现代信息通信技术的广泛应用，企业要求员工集中在一起办公的必要性将大幅降低，居家办公很可能成为未来办公的流行模式。其进一步的影响，首先容易想到的是通勤交通压力的大幅度减小，而更重要的可能是将改变人们对居所的区位选择。由于通勤不再是日常之必须，人们选择居住地点的自由度会大大提高，一部分人将离开城市中的高密度住宅区而到郊外田园地带"诗意地栖居"。这种趋势不仅会导致大城市地区人口空间分布的相应变化，还将给未来大城市地区的城乡关系带来深刻的影响。

（二）新能源技术

美国未来学家里夫金曾提出，未来的能源供应将会变得越来越廉价。这实际上意味着，未来的能源供给将越来越充足，人类曾经忧虑的能源短缺将永远不会出现。近几年来能源领域的技术进步日益有力地佐证了里夫金的这一观点。我国的光伏发电和风能发电的装机容量以指数级别迅速增长，特别是分布式光伏发电，2018年一季度的增速达到了217%。与此同时，得益于技术进步、招投标替代固定上网电价补贴制度以及规模化部署进程，过去十年间，可再生能源发电成本处于持续下降态势。[①] 不仅如此，来自不同路径的能源领域的新的技术突破正在孕育之中，有的已经接近实用化。

能源领域的技术进步，也将给城市发展带来多方面的影响。首先，分布式能源的广泛应用将有助于居住向郊外的分散，因为无须集中的能源供应和供暖就可以实现舒适的室内居住环境。其次，充裕并廉价的能源供给，可以通过资源替代效应缓解土地、淡水等资源的紧缺，从而缓解自然资源条件对城市发展构成的制约。例如，通过采用更多消耗能源而较少使用土地的"植物工厂"来生产蔬菜等农产品，可以腾出部分农业用地，增加城市发展在空间上的余地。再如，有了充足的能源支撑，大规模的海水淡化

---

① International Renewable Energy Agency. Renewable Power Generation Costs in 2018.

及输送将变得现实可行，为受水资源短缺困扰的城市带来福音。

（三）自动驾驶技术

汽车自动驾驶技术也是一项距离实用化越来越近、众多企业正在强力攻关的新技术。美国和中国的多家企业都已经开始了对无人驾驶汽车的路测。在日本，物流巨头大和运输已经在特定地区开始了自动驾驶配送实验。有技术专家估计，再过三到五年将迎来辅助驾驶技术的规模化应用，再过七到十年将迎来自动驾驶技术的规模化应用。

自动驾驶技术一旦得到规模化应用，将与共享汽车的商业模式相结合，从而使汽车的使用方式乃至人们的出行方式发生重大的变化，进而影响城市的土地利用形态。

首先，自动驾驶技术与共享汽车模式相结合，将大幅度减少城市中对停车空间的需求（有专家估计在50%左右）。其次，自动驾驶技术还将大大提升道路交通的效率，从而使得以较少的道路空间就能满足汽车交通的需要，减少未来行车车道在数量和宽度上的需求；道路中央的隔离带也会呈减少和缩小的趋势。节约出来的停车空间和道路将可以用来增加人行道、自行车道、绿地等公共空间，使城市空间变得更绿色、更有趣和更人性化。

二　大众消费需求的升级

2010年，我国进入了上中等收入国家行列。2015年，我国人均GDP突破8000美元，2017年达到8800美元，正稳步向着高收入国家的行列迈进。在这一大背景下，我国的中等收入群体数量快速扩张，带来对高品质消费品和高质量服务的巨大需求，已经并且还将继续引发消费需求的持续升级。根据国务院发展研究中心的研究，相较于2008年，2014年我国中等收入群体消费支出总增加量为1.1万亿美元，相当于美国同期增量的6.3倍，日本的12.7倍，韩国的15.6倍。① 党的十九大报告指出了我国社会的主要矛盾已经发生转化，如果从消费视角来看，实际上就是指现有供给不能满足大众消费需求升级的需要。麦肯锡发布的咨询报告《2016中国消费者的现代化之路》也指出，国内消费者在增加支出的同时，消费形态也在悄然变化，具体表现为消费者更加注重生活品质及体验的提升，诸如文化、旅游和休闲娱乐的支出增多。

消费需求的升级，也将给城市发展带来基础性的影响。首先，城市的形态和设施类型将发生相应的变化。拿过去的例子来说，随着汽车保有量的增长，城市中的道路密度和里程相应地大大提高。城市中大量的住宅小区，多数是从20世纪80年代末期开始才陆续拔地而起的。今后，随着人们对于文化生活、终身学习、康养健身、休闲娱乐等方面需求的不断增加，城市中的演艺设施、图书馆、咖啡书吧、健身场馆、公园等设施也将相应增加。只不过其中商业化的设施

---

① 国务院发展研究中心课题组：《迈向高质量发展：战略与对策》，中国发展出版社，2017。

可以在市场需求的拉动下自发增加，而属于公共产品的设施则需要公共部门投资建设以满足市民需求。其次，消费需求的升级也将对城市居民的居住形态以及城市的空间格局产生一定的影响。部分中高收入人士将不满足于在城市现有高层高密度住宅区的居住生活，出于对田园风光和良好空气质量的向往将在郊外选择别墅式居住。另外，将郊外农家的房子改造成特色民宿、吸引市民进行农家体验式旅游休闲的新型业态已经悄然兴起。这些都将为城郊的土地利用形态带来相应的变化。

三 人口的少子老龄化

少子老龄化，是我国当前乃至今后相当长时期内面临的最为重要的人口基本国情。我国的妇女总和生育率自20世纪90年代中期以来一直低于更替水平，近年来更是呈现出超低生育水平。与此同时，由于国民生活水平和国家医疗卫生水平的提高，我国的人均寿命在稳步提升。两方面的因素共同作用，使我国的人口老龄化快速发展。2017年底，我国60岁以上老年人口数量已达2.41亿，占总人口的17.3%。[①] 根据全国老龄工作委员会的预测，2013～2021年是老龄化快速发展阶段，年均增加700万老人；2022～2030年为老龄化急速发展阶段，年均增加1260万老人；2040年

---

① 《我国60岁及以上老年人口数量达2.41亿占总人口17.3%》，《企业研究》2018年第4期。

前后，我国将进入深度老龄化阶段，即老年人口中高龄老人的占比快速上升。[1] 到 2050 年，我国老龄人口将增至 4.8 亿，占全球老年人口的 1/4。人口的快速老龄化会对经济和社会运行带来多方面的巨大挑战，也必将给城市发展带来相应的深刻影响。

城市的首要功能是满足其居民的需求。伴随着城市的人口年龄结构发生重大变化、老年人口比重快速上升的现实过程，城市需要根据老年人口不同于其他年龄层人口的需求特点从多个方面入手加以适应和准备。

首先，城市中包括住宅在内的大量设施需要进行适老化改造，以构建老年友好环境。我们目前所处的城市居住环境和生活环境是成年型社会的产物，有很多"不适老""不宜居"之处。例如，按照现行建筑规范，6 层以下的多层住宅楼不必设置电梯。一直到 20 世纪 90 年代中后期，这种多层住宅都是我国城市住宅建设的主流。对于许多仍住在这种多层住宅的老人而言，没有电梯给他们的生活造成了严重的不便。类似于这样的问题还有许多。由于问题的量大面广，解决起来需要面对资金上、利益协调上等多方面的困难，将对城市政府形成严峻的挑战。

其次，城市应当为"老有所为"提供充分的条件。联合国倡导健康老龄化、积极老龄化和老年人原则等理念，其

---

[1] 张来明：《积极开展应对人口老龄化行动》，《中国经济时报》2015 年 11 月 30 日。

中最重要的是积极老龄观。积极老龄观的一个核心观点是，老年人并非社会的负担和拖累，而是社会的宝贵财富和积极力量。有研究表明，60~69岁低龄老人，思维能力保持着普通人智力高峰期的80%~90%，部分人智力和创新力甚至会进入一个新的高峰期。[①] 我国目前虽然处于人口老龄化快速发展期，但老年人群结构仍处于低龄期，老有所为大有可为。一方面，城市可以利用信息化手段，建立大龄劳动力档案数据库，并搭建公益性网络推介平台，为低龄老年人的再就业提供便利；另一方面，少子老龄化社会中谁来提供对失能半失能老人的护理服务，是政府、社会和家庭都必须面对的一个现实问题。老年人与老年人之间最容易相互理解，在提供精神关爱、非常规的临时性的帮助与服务方面具有独特的优势，可以通过建立"时间银行"，开展互助养老服务，鼓励低龄老年人、健康老年人帮助高龄、失能老年人，这在客观上也可以缓解养老服务用工难的问题，降低养老服务成本。另外，鼓励志愿者组织的发展，在设施和机制上为终身学习活动提供便利等，也是城市从促进老有所为角度应当付出的努力。

再次，城市构建居家医疗护理体系势在必行。根据国际经验和我国政府确定的目标，我国未来90%以上的老人都将在家庭和社区中度过晚年生活。老年人随着年龄的增长逐渐

[①] 吴玉韶：《积极老龄化要贯穿新时代养老服务业发展全过程》，在清华大学第十届养老产业论坛上的演讲，2018年4月22日。

变得体弱多病是自然规律,需要越来越多的医疗和护理服务。如果不改变目前的单纯依靠到医院就诊的医疗模式,未来所有的医疗设施都将人满为患,出现严重的设施短缺。而且对于老年人而言到医院就医本身就是一件难事,特别对于那些无人陪伴的单身老人更是如此。在日本等老龄化先行国家,应对这一难题采取的做法是大力发展居家医疗和居家护理。提供居家医疗服务和居家护理服务的主体,分别是主要由医生构成的医疗服务企业和主要由专业护理员构成的护理服务企业。家庭与企业签约,企业通过接收呼叫后上门和定期巡回访问两种方式提供服务。在我国,这种业态尚属空白,但从少子老龄化的发展趋势可以判断,这种业态未来有着巨大的发展空间,并将构成居家医疗护理体系的重要组成部分。

"未来已来",城市将迎来产业结构、土地利用形态、空间格局、治理体系与治理机制等多方面的变局。把握趋势,顺势而为,应当成为今后思考城市发展战略最重要的基本原则。

回顾与点评

本文系为上海交通大学城市科学研究院主编的《中国都市化进程报告》所作。自2013年起,我被该院聘为特聘研究员,于是就有了向该院主编的出版物提供稿件的义务。本文2018年初夏成稿,并在当年6月召开的中国城郊经济研究会学术年会、当年12月召开的复旦大学"2018人口变动与城乡发展论坛"上作过交流。

城市管理综合行政执法面临的问题与对策建议

城市管理综合行政执法，是根据《中华人民共和国行政处罚法》中关于相对集中行政处罚权的规定，在城市管理领域开展相对集中行政处罚权工作而形成的工作体制，也就是一般所说的"城管"。目前全国已有半数左右的城市实行了这种体制。一方面，从实践的结果来看，在一定程度上纠正了过去那种多头执法、职责交叉、重复处罚、执法扰民的问题，改革取得了一定的成效。但是另一方面，这一领域也暴露出了许多突出的问题，多种社会矛盾交织，以至"城管"成为近年来社会舆论频繁聚焦的热门话题。本文对城市管理综合行政执法领域存在的突出问题进行梳理，分析其背后的深层次原因，并提出相应的对策建议。

一 城市管理综合行政执法领域存在的突出问题

（一）执法主体与执法对象之间的暴力冲突多发

近年来，城管执法队伍与执法对象之间发生暴力冲突的事件多有发生，实际上只有其中的极小一部分由于造成人员伤亡而成为舆论的热点话题。仅以厦门市为例，近年来每年发生的暴力抗法事件都在400起左右。暴力冲突的多发不仅使政府的形象受到严重损害，也对社会的和谐稳定构成重大的负面影响。

（二）执法违法现象时有发生

以上海的"钓鱼执法"和湖北天门城管队员围殴拍照者致死事件为代表，在一些地方，城管执法部门以违法手段执法，或在执法过程中违法的现象时有发生。执法违法的后果是十分严重的，极大地损害了政府在人民大众心目中的形象和公信力，处置得不好甚至会演变成民众与政府对抗的大规模群体性事件。

（三）执法边界不清晰、随意性大

根据《国务院关于进一步推进相对集中行政处罚权工作的决定》的规定，城市管理综合行政执法的范围主要包括市容环境卫生管理、城市规划管理、城市绿化管理、市政管理方面的行政处罚权和环境保护管理、工商行政管理、公安交通管理方面的部分行政处罚权以及省、自治区、直辖市人民政府决定的城市管理领域的其他行政处罚权，通常被称为"7+X"。从各城市实际实施的结果看，"X"的最小值是 0，最大值达到 14。不仅执法范围在各城市之间存在很大差异，而且许多城市都对执法范围进行过多次调整，表现出较大的随意性。在一些城市，综合行政执法的范围实际上是"市长说了算"。同时，相对集中行政处罚权一般集中的是那些专业性技术性不强的事项，专业性技术性强的事项并未集中，但专业性技术性与非专业性技术性的界限并不清晰，如何界定也莫衷一是，这也造成了另一个层面的执法边界不清晰。执法边界的不清晰和随意调整不可避免地使执法的权威性和严肃性受到影响。

（四）执法队伍的能力不能适应执法任务的需要

这种情况主要体现在以下两个方面。一是人员数量不足。许多城市在执法队伍组建时期是按总人口的一定比例（如广州市为万分之三）确定编制的，但近年来城市规划区面积和城市总人口均大幅度增加，特别在一些大城市，流动人口增加的幅度更大。但执法队伍的编制却难以增加，执法任务重与执法人员少的矛盾已经比较普遍。二是执法任务过于繁杂，相对集中行政处罚权所涉及的法律法规及规章虽然在不同的城市多寡不一，但少的也有十几部。多的达到几十部，要让执法人员对如此众多的法律规定都做到熟知，客观上很难实现。由此导致执法人员的业务很难精通，制约了城市管理执法水平的提高。

（五）执法队伍的合法性受到质疑

到2010年，国家对城管执法队伍的设置仍没有做出统一要求，各地都是根据自身的实际情况设置，有的是行政编制，有的是参照公务员管理的事业编制，有的是自收自支的事业编制。即使是实行行政编制或"参公管理"的地方，由于执法人员数量的严重不足，大多聘用了大量临时工性质的"协管员"，有的地方协管员的数量甚至两倍于正式在编人员。这种状况导致了城管执法队伍的合法性遭到质疑。另外在很多城市，当城管执法人员与执法对象之间发生冲突而报警后，警方的做法是把双方一起带走进行询问和笔录，使作为执法机构的城管执法队伍的处境十分尴尬。

二 问题的原因分析

我国正处于城市化快速发展时期和经济社会体制转型之中,多种矛盾交织,各种利益冲突凸显,城市管理综合行政执法领域出现一些问题,在客观上难以避免。但是城市管理理念上的偏颇、执法体制的不健全、执法队伍管理的不到位、城市规划建设方面的缺陷、部门之间的缺乏协调配合、社区自治功能的缺失等因素是造成问题多发和尖锐化的主要原因。

(一)城市管理理念存在偏颇

一些城市的领导者未能很好地贯彻落实科学发展观,在创建全国文明城市、国家卫生城市等政绩压力之下,脱离国情和市情片面追求城市表面的整洁亮丽,对于流动商贩经营谋生的需求、居民就近廉价购买生活必需品的需求,乃至居民其他一些正常的日常生活需求没有给予充分的考虑,导致过高的管理目标与居民和流动商贩的合理需求之间产生严重的冲突,并最终体现为城管执法队伍与执法对象之间的冲突。

(二)执法体制不健全

到2010年,国家没有一个职能部门负责对城市管理综合行政执法部门的规范和指导,使得各地方自行其是,机构设置、职责范围、人员编制等五花八门。特别是那些采用自收自支事业单位体制的地方,将罚没收入作为执法部门的经费来源,使执法部门的权力与自身利益直接挂钩,不可避免地导致执法权力的滥用。

（三）执法队伍管理不到位

事实上，许多由城市管理行政执法引发的暴力冲突，都是由于执法人员采取简单粗暴的执法方式造成的。而江苏宿迁的城管局由于严格抓队伍管理，提出了"城管为公、执法为民""既要城市形象，又要队伍形象""刚性管理，柔性执法"等理念，在全市政府部门行风评议中连续数年名列前茅，受到市民的广泛好评。这充分说明，加强执法队伍自身的管理对减少执法过程中的冲突具有至关重要的作用。

（四）城市规划建设方面存在缺陷

一些城市在规划方面存在先天不足，没有考虑到市民和小商贩的实际需求，没有留出适于作为"自由市场"的空间；有的城市的城市规划在开发商利益的主导之下被不当修改，侵占了空地、绿地、商业门脸等公共空间，同样造成缺乏疏导渠道的局面。

（五）部门之间缺乏协调配合

由于城市管理综合行政执法部门的行政处罚权均来自其他专业管理部门的移交，但行政许可权大多仍保留在专业管理部门内，城市管理综合行政执法部门与专业管理部门之间的协调不畅往往成为阻碍行政执法效率提高的重要原因。例如，拆除违章建筑属于执法部门的职责，但认定是否属于违章建筑则属于城市规划部门的职责，从执法部门发现违章建筑的建造行为到城市规划部门认定其确属违章建筑之间往往费时过多，而这期间违章建筑已经建造完成，使得拆除工作遭遇更加激烈的抵抗。

（六）社区自治功能的缺失

很多属于城市管理综合行政执法部门执法范围内的事项，如社区周边的占道经营、社区内部的私搭乱建、乱倒垃圾、邻里之间的噪声污染等问题，原本都是可以通过社区自治、居民民主协商和自主管理加以解决的。但这些年来伴随着城市化的快速发展和新住区的不断形成，老住区的社区自治功能被大幅弱化，新住区的社区自治功能大都未能有效建立，其结果不得不求助于公权力的广泛介入，这也是城市管理综合行政执法部门职责范围过宽的重要原因。

三 对策建议

城市管理综合行政执法部门的产生是出于我国快速城市化过程中加强城市管理工作的客观需要，这支队伍对保障城市运行的秩序和市容市貌的整洁发挥了重要的作用。如果由于这支队伍出现了一些问题就对其主体加以否定，乃至提出要撤销这支队伍，既有失公允，也无助于问题的真正解决。正确的思路应当是，针对造成目前突出问题的原因实施恰当的对策，使这支队伍成为在法治轨道上规范运行的、维护城市社会秩序的生力军。为此，提出以下建议。

（一）认真贯彻落实科学发展观，树立以人为本的城市管理理念

城市管理综合行政执法部门是城市主政者的管理理念的最重要的执行者，出现在前者身上的许多问题，其根本实际在于后者的管理理念。因此，城市主政者能否牢固树立以人

为本的城市管理理念，对解决上述问题具有突出重要的意义。必须按照科学发展观的要求，把城市中最广大人民群众的根本利益作为考虑城市管理问题的基点。不能为了追求表面的整洁和亮丽而使城市成为对于中低收入群体而言生活成本高昂、不宜居、不便利甚至难觅立锥之地的场所。

（二）加强规范和管理，健全执法体制

实现执法队伍的规范化。所有城市管理综合行政执法部门都应纳入地方政府行政序列，部门运转所需全部经费由同级财政负责保障。彻底割断行政执法权力与执法机构及执法人员自身经济利益之间的联系。

在中央层面设立指导部门。虽然城市管理综合行政执法总体上属于地方事权，但在目前的体制背景下，来自中央层面的指导和规范仍是十分必要的。应当在国家部委中设立专门机构，负责对全国城市管理综合行政执法工作的宏观指导和监督、政策法规与标准的制定、经验总结与交流、立法推动等工作。考虑到城市管理综合行政执法的历史沿革，以及目前仍有相当一部分城市保留有由住房和城乡建设部负责指导的城建监察队伍的现状，建议在住房和城乡建设部内增设城市管理司来承担这项工作。

（三）强化队伍自身约束，规范执法行为

应大力推广宿迁市城市管理局在执法实践中的成功经验，抓好执法队伍的素质建设和自我约束。一是要建立健全相关制度。对执法内容、执法程序、执法标准、执法方式等都要做出明确规定。可通过制定"城管工作人员行为规范"

"执法过错责任追究办法"等制度，对执法人员的行为进行规范。二是要抓好执法队伍基础建设。把好入口关，严格按照公务员管理规定选拔、录用行政执法人员。定期开展法律知识培训，提高执法人员依法行政的自觉性和主动性。三是将行政执法置于公众监督之下。通过政风行风热线、公布举报电话、聘请监督员等形式，自觉接受社会监督，防止自由裁量权的滥用。还可以利用互联网、3G手机等现代信息技术，实行行政处罚网上运作、3G手机案源取证等工作方式，确保行政处罚程序的合法规范和执法廉政。

（四）多部门联动，在疏导上多下功夫

许多地方的实践说明，对于占道经营、乱摆卖等轻微违法违章行为，单纯依靠行政处罚手段"堵"并不能有效地遏制，只有主动采取措施进行疏导，才能从源头上化解问题。各城市应组织建设、公安交管、城管、工商、环卫等部门共同协商，联手做好疏导工作。

（五）用好"数字城管"机制，加强部门间协调配合

"数字城管"是"数字化城市管理"的简称，是指在城市管理中综合应用计算机技术、无线网络技术等数字技术，通过建立城市信息系统和创建新的城市管理体制而形成的城市管理新框架。通过数字城管系统，城管执法人员可以对城管重点单位信息、销售摊点信息、违章建筑信息和法律法规等进行迅速的查询，而且通过照片和相关图片的传输应用，可以解决现场执法中的很多问题。特别是一些城市建立的由城市管理指挥中心负责城市管理监督、指挥职能，负责对城

市管理责任单位的管理责任进行界定并进行考评的工作机制，促进形成了城市政府各部门对城市管理工作权责明确、齐抓共管的局面，值得借鉴和推广。住房和城乡建设部已先后确定了三批共 51 个数字化城市管理试点城市，应及时总结经验，在此基础上扩大试点规模，促进早日全面推开。

（六）强化社区自治，缩小公权力介入范围

推进社区自治，是发展基层民主，使人民依法行使民主权利，实行自我管理、自我服务、自我教育、自我监督的有效形式。社区自治的具体事项，主要包括社区的公共秩序、民意表达、诉求反馈、邻里关系、居民服务、矛盾调解以及社区消防、安全监督、卫生维护和治安维护等。有了有效的社区自治，很多事务就不再需要行政手段和司法程序等公权力的干预，而可以通过社区各种利益相关者之间的民主协商和合作处理来解决。推进和实现城市社区自治，是当前公民社会转型的内在要求和基层民主发展的必然趋势，而且有利于降低行政成本和促进社会的和谐稳定。应通过成立社区自治协调委员会、培养选拔社区自治带头人、加强各类社区自治平台建设、大力培育社区服务机构、建立健全社区自治机制、加强公民意识和市民素质培养等手段，大力推进社区自治的发展。

回顾与点评

本文刊发于 2010 年 11 月，成果形式为国务院发展研究中心"调查研究报告"当年的第 190 号。其缘起，则是国务院发展研究中心社会发展研究部承担了住房和城乡建设部城市建设司委托的研究课题"城市管理权责关系研究",由我牵头负责。当时的背景是,以"城管"与摊贩的冲突为代表,"城管执法"问题成为社会热点。在中央部门中设立一个职能司局负责统一管理城管执法事务是一种较强的呼声。住房和城乡建设部是牵头部门的主要候选,于是决定先开展研究。这一呼声终于在2016年变成了现实。但是,本文中所提出的"强化社区自治,缩小公权力介入范围"的主张,现实似乎是渐行渐远了。

从负责这一课题开始,我本人的研究兴趣也较多地转向了城市社会治理领域。

以现代信息技术为支撑的城市管理创新
——北京市朝阳区的案例研究

北京市朝阳区在"数字城管"的基础上进一步拓展其功能,形成了独具特色的新型社会服务管理系统。该系统的核心意义在于五个方面的城市管理机制创新:实现监管分离、推进合作治理、实施流程再造、强化绩效考核、开发诚信系统。本报告对朝阳区的探索进行了系统梳理和介绍,并提出了完善和推广的相关建议。

一 研究背景

"城市管理是依据城市发展的功能和发展目标对城市构成要素和活动主体进行调节的过程,其目的是保证城市正常有序地运行。"[1] 特别是在现代大城市中,人流、物流高度集中,多种功能需要并行不悖,多元化的利益主体需要各得其所,使城市管理具有高度的复杂性和艰巨性。特别是我国正处于城市化的快速发展期和社会的转型期,在相对狭小的城市空间内,多种矛盾交织,各种利益冲突凸显,更是给城市管理带来巨大的挑战。

为了加强和改善城市管理工作,许多城市近年来开展了

---

[1] 赵文荟:《城市管理:推进城市现代化的关键》,《南京社会科学》1998年第3期。

多方面的探索。在这之中,北京市朝阳区充分运用现代信息技术,大胆进行管理机制创新和管理流程再造,将数字化城市管理系统进一步发展成为具有社会服务管理综合监督平台和决策支持系统功能的社会服务管理系统,其理念和实践走在了全国的前列。本文试图对朝阳区的有关做法(以下称"朝阳模式")进行梳理和总结评估,以期为其他城市改进城市管理提供借鉴。

二 "朝阳模式"的沿革与基本做法

(一)"朝阳模式"的出发点:"数字城管"

"朝阳模式"是在数字化城市管理(以下简称"数字城管")的基础上演进发展而形成的,因此在介绍"朝阳模式"的做法之前,有必要对"数字城管"做简要的介绍。

"数字城管"是将现代信息技术广泛运用于城市日常运行管理工作中而形成的一种新的城市管理运行机制。其目标是克服传统城市管理工作中存在的信息不及时,管理被动后置,政府管理缺位、专业管理部门不明,管理方式粗放、缺乏有效的监督和评价机制等弊端。"数字城管"的首创者是北京市东城区,该区 2004 年推出了"万米单元网格化城市管理模式"。具体做法是,在城市管理中运用网格地图的技术思想,以 10000 平方米为基本单位,将城市所辖区域划分成网格状的单元,由城市管理监督员对所分管的单元进行全时段监控。"网格模式"将城市管理问题分为"部件"和"事件"两类:部件包括公共设施、道路交通、市容环境、园林绿化、其他设施共五大类 69 小类，管理对象为相关各类硬件设施；事件包括市容环境、宣传广告、施工管理、突发事件、街面秩序、扩展事件共六大类 55 小类，管理对象为相关各种违法违规行为。全区共约 20 万个"部件"都被按地理坐标标注在万米单元网格地图上。400 多名城市管理监督员人手一部基于手机的信息采集器——"城管通"，可通过现场拍照、图片上传、录音上报、表单填写、位置定位等功能随时向城市管理监督中心传递信息。通过这种方式，做到了日常城市管理工作中的问题及时发现、任务准确派遣、问题及时处理，大大提高了城市管理工作的效能。

2005 年，"东城区网格化城市管理系统"得到了国家有关部委、北京市政府和专家的认可，被列为建设部（现为住房和城乡建设部）科技攻关示范项目、北京市信息化重大应用项目，并被建设部确定为"数字化城市管理新模式"在全国进行推广。

（二）"朝阳模式"的演进过程及其基本做法

"朝阳模式"的探索和发展历程，大体经历了以下的四个阶段。

第一阶段是创建网格化城市管理系统。2005 年 7 月，朝阳区借鉴东城区经验，开始建设网格化城市管理系统。2005 年 11 月，朝阳区成立了城市管理监督指挥中心，其主要职责为：负责研究拟定城市管理监督与评价的办法；负责各种城市管理问题现场信息和处理结果信息的采集、分类、处理和报送，对城市管理实施全方位、全时段的监督；负责

"朝阳热线"（96105政府热线呼叫中心）的管理工作，并受理涉及软环境和社会管理的问题；负责各类城市管理信息的整理、分析，并对城市管理工作中各有关部门和社会单位履行职责的情况进行监督考核；负责领导和管理城市管理监督员队伍；负责研究建立依托现代信息网络技术的新型城市管理监督与服务体系，组织实施城市管理基础数据库和城市管理监督、服务、信息平台的建立、维护、开发及管理等工作。

第二阶段是拓展网格化管理的适用领域。原本的网格化城市管理系统主要监督街头小广告、无照游商、机动车乱停放、乱倒渣土垃圾等市政市容、环境秩序等通常意义的"城管"业务对象。2007年10月，朝阳区以全方位服务保障奥运为契机，着力构建数字化为民服务系统，逐步将消防安全、食品安全、社会保障等工作纳入网格化管理系统。2008年以后，朝阳区进一步拓展网格化管理系统的适用领域，开始把人口管理、单位管理、房屋管理、地下空间管理纳入进来。奥运会结束后，北京市全力投入迎接国庆60周年筹备工作，安保成为各项工作的重中之重，在此背景下，安全生产也被纳入网格化管理系统。

与此同时，朝阳区还不断拓展96105热线的受理范围。朝阳区的96105热线设置于2004年10月，之后为提升便民利民服务功能，其受理范围不断拓展，逐步纳入了工商登记注册、投资服务、房管办证、民政服务等咨询业务。同时，还受理政民互动、区长信箱、社区服务网的来电来信。2007

年 10 月 15 日，朝阳区在 96105 热线电话呼叫中心的基础上，挂牌成立"北京市非紧急救助服务中心朝阳分中心"。根据区政府的要求，凡是与政府沾边的事情，老百姓打了热线电话，非紧急救助服务中心都要受理。目前，该中心有 80 多名专职工作人员，设有 60 个座席工位。政府热线已经成为为民服务的重要窗口，成为百姓与政府沟通的重要桥梁。

第三阶段是启动数字化文明城区建设。朝阳区委、区人民政府于 2010 年发布了《中共北京市朝阳区委、北京市朝阳区人民政府关于创建全国文明城区工作的意见》，决定以创建文明城区为载体推动各项工作。为此，朝阳区制定了行动方案，并把创建文明城区和精神文明建设纳入网格化管理系统，强化监测评价功能，努力实现"四个转变"：由"突击迎检"向长效建设转变，更加注重创建成效；由局部文明向全域文明转变，坚持城乡同步推进；由文明要素建设向文明体系建设转变，全面覆盖政治、经济、文化、社会和生态建设各领域；由行政组织向社会动员转变，实现社会协同、公众参与、合作治理。在数字化城市管理系统的基础上，结合《全国文明城区测评体系》的要求，朝阳区全面启动了社会信用评价体系建设。

第四阶段是建设社会服务管理系统。朝阳区是北京市国际化、现代化程度最高的城区之一。根据北京市委、市人民政府关于朝阳区作为建设世界城市试验区的要求，朝阳区委、区人民政府全力推进社会服务管理创新。2010 年 8 月，在全面总结网格化管理经验的基础上，朝阳区开始着力构建"全模式社会服务管理系统"，对已有的网格化城市管理系统实施业务集成、模块集成和系统集成，同时进一步拓展覆盖领域。网格化管理侧重于在行政系统内部强化监督制约，而社会服务管理系统在强化内部监督的同时，通过推进合作治理和诚信管理，大大拓展了社会协同和公众参与水平。从管理理念看，它不仅立足于监督制约和精细化管理，而且致力于构建无缝隙化管理体系。

简言之，"朝阳模式"的构成要素可概括为"2+4"，即"依托两大管理系统，推进四项制度创新"。"两大管理系统"分别为专业化管理系统和监督指挥系统；"四项制度创新"是指流程再造、绩效评价、合作治理和诚信管理。通过构建新型社会管理系统，"朝阳模式"实现了六大功能提升，即责任主体多元化、责任确定无缝化、运行方式精细化、运行过程常态化、约束机制信用化、系统运行智能化（图1）。

目前，朝阳区新型社会服务管理系统的监督领域，覆盖了应急管理、城市管理、综治维稳、安全生产、社会服务、社会事业、社会保障、经济动态、法律司法、党的建设十大类。在十大类之下，设有98个二级目录、583个三级目录和2840个细类，基本涵盖了社会管理和公共服务的所有职能。

监督指挥流程以监督指挥中心为轴心，以问题为导向，按照信息报送、核实立案、任务派遣、任务处置、处置反

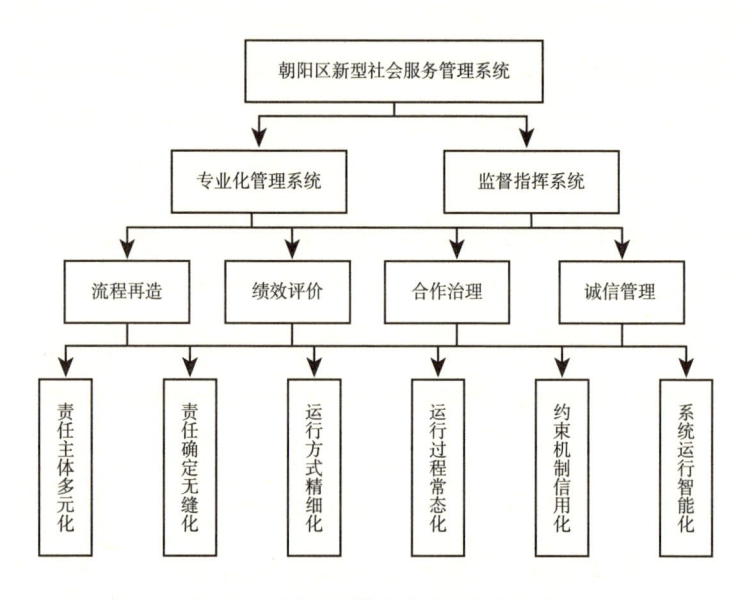

图 1 "朝阳模式"的构成要素

馈、核查结案、监督评价七个步骤,形成闭环工作流程。同时,建立信息分级管理和共享机制。具体流程如图 2 所示。

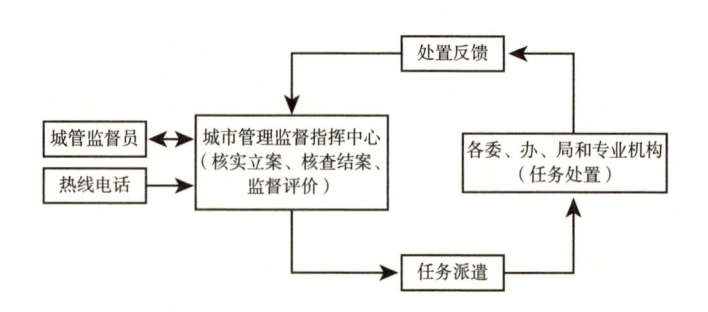

图 2 监督指挥流程示意图

（1）信息报送

通过城管监督员、社会公众（96105热线、短信和互联网平台）、电子探头、职能部门、街乡和舆情监测等渠道，向监督指挥中心报送各类社会服务管理信息。与网格化城市管理系统相比，新型社会服务管理系统增加了热线电话、短信、互联网、舆情监测等信息来源渠道。

（2）核实立案

核实立案分为区级"大循环"和街乡"小循环"。"大循环"的运行流程是，区监督中心收到监督员上报或热线呼叫中心转发的问题信息后，对信息进行核查立案，并移交至区指挥中心。"小循环"的运行流程是，街乡自行发现的问题由街乡分中心直接受理立案，并派遣处置。对属地无法处置的问题，报由区级平台受理立案，进入"大循环"。

（3）任务派遣

区监督指挥中心对问题信息进行核查立案，根据职能划分和管理权限，及时将案件任务批转至主责单位。对于需要区领导决策的重大问题及依照现行法规难以明确主责单位的案件，则报送至区政府办公室，由区领导协调、决策后再行派遣。

（4）任务处置

主责单位收到任务派遣后，根据内部职能分工将案件派遣至相应部门，由该部门独立或联合相关单位，按照规定的时间和标准进行问题处置。对于区级行政部门主责处置的案件，街乡有义务在主责部门处置前及时帮助控制事态发展，或帮助主责部门先行处置。

（5）处置反馈

相关部门完成案件处置任务后，及时将处置情况反馈至主责单位。主责单位将处置结果反馈至区监督指挥中心。

（6）核查结案

区监督指挥中心根据反馈的处置信息，派遣监督员核实案件处理情况。对按照规定时间和标准完成的案件任务，作结案处理；对没有按规定时间和标准完成的任务，反馈并再次派遣至主责单位，并启动追责程序。

（7）监督评价

"朝阳模式"通过多种途径获取问题信息，对案件处置及结果进行追踪监督，并根据系统平台积累的数据对主责部门进行绩效统计，发布绩效评价报告。

三 对"朝阳模式"的解读与评价

（一）"朝阳模式"是城市社会管理的机制创新

行政管理体制改革要完善制约和监督机制，党的十七大报告指出，"建立健全决策权、执行权、监督权既相互制约又相互协调的权力结构和运行机制"。"朝阳模式"通过实施合作治理、流程再造和绩效评价，构建了新型社会服务管理系统，推动社会服务管理从专业化管理、部门化管理走向系统化管理、无缝化管理，实现了以下五个方面的机制创新。

（1）实行监管分离。缺乏有效的监督机制是滋生部门惰政的温床。惰政的弊端之一在于，它过于强调行政系统内部"自上而下"的垂直监督，横向的、外部的监督机制薄弱，结果导致各部门各自为政，难以统合协调和综合执法。由于行政部门众多，且存在职能交叉问题，在跨部门监督不力的情况下，遇到难以处置的问题，很多部门的第一反应就是推诿扯皮。针对管理中存在的突出问题和重大隐患，政府系统热衷于突击式和运动式管理，寄希望于通过一两次集中整治解决问题。突击式管理属于非常态管理手段，尽管有可能在短期内取得成效，但它容易引发社会矛盾乃至群体性事件。近年来，各地经常出现的群体性冲突和对抗事件表明，突击式管理不利于和谐社会建设。

在"朝阳模式"中，独立于行政部门之外的监督指挥中心被授权行使监督评价职能，实现了行政执法权与监督评价权的分离。为强化监督职能，朝阳区对网格监督员队伍实行垂直管理，确保监督职能独立于街乡和委办局之外。

（2）推进合作治理。由于政府掌握的社会服务资源有限，朝阳区在政府主导下，通过设置诱因和组织协调，动员社区组织、社会单位、市场主体、楼门长、志愿者队伍参与社会服务管理。在总结实践经验的基础上，2010年8月，朝阳区制定了《关于健全和完善合作型社会服务管理模式的意见（试行）》。合作治理机制拓展了社会管理和公共服务资源，提升了基层和社区治理成效。例如，为提升处置和解决各类问题的能力，各街道办事处与社区单位签订环境卫生责任书，促使它们对"门前三包"责任区域承担责任。各街道办事处还出面搭台，成立城市管理协会、和谐社区促进员协会等协管自治组织，发动离退休党员和楼门长参与社区管理，发挥公众参与和志愿服务的作用，弥补社会管理资源不足问题。朝阳区设置的96105热线呼叫中心，专门受理居民的举报、投诉、咨询和公共服务需求，也成为推进合作治理的有效渠道。

（3）实施流程再造。朝阳区依托信息网络和监督指挥系统，以处置、解决问题和提升公众满意度为导向，基于信息流程实施行政流程再造，逐一核定各类问题的管理主体和执法主体，明确界定各类责任主体的职责范围和履责时限，并强化对关键节点的监管控制，实现业务从分散走向整合、流程从部门化走向跨部门化。朝阳区将优化后的行政流程称为"六个天天"（图3）。由于保证了及时发现问题、及时处置和解决问题，有效提升了政府回应性和社会服务管理效率。

朝阳区城市管理监督指挥中心依据相关法律法规，逐一核定了各类案件处理的法定责任主体、案件管理的法定责任主体、案件执法的法定责任主体，以及立案标准、结案标准、完成时限，制定了《北京市朝阳区全模式社会服务管理监督评价标准（试行）》。由于明确界定了各类责任主体的职责和工作标准，发现问题以后，利用问题信息驱动就可实现行政流程自动运行，从而实现社会服务管理的常态化和精细化。

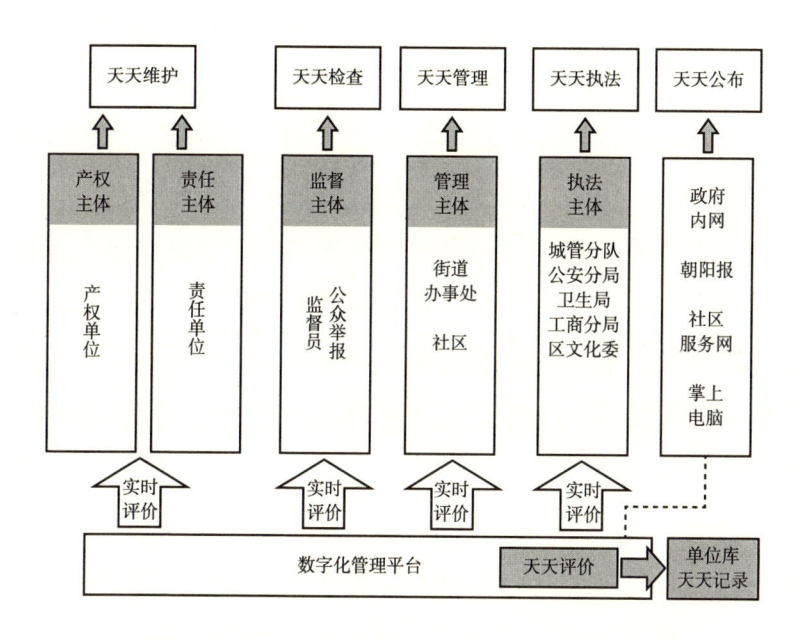

图 3 朝阳区社会服务管理的"六个天天"流程

（4）强化绩效考核。朝阳区利用信息平台的自动统计功能，建立了社会服务管理的绩效评价体系。它根据系统平台记录的立案数量、规定时限结案率、延时结案率、未结案率等信息，对各街乡、委办局进行绩效考评，发布量化考评结果，并进行绩效大排名。与人为的定性评价不同，电子化绩效评价由信息平台自动完成。社会服务管理系统时刻都在记录信息和更新数据，随时可以统计绩效数据。每隔一段时间，监督指挥中心会进行一次绩效排名，各街乡、委办局的工作业绩情况可谓一目了然。它促使各部门都必须努力提升责任意识、回应性和服务效率。朝阳区在区委、区人民政府大楼设有电子屏幕，定期发布绩效考核结果。各社区也将设立电子屏幕，居民可通过屏幕了解本社区管理及排名情况。各街乡和委办局的绩效评价结果，还可以与上月、上年度进行对比，从而评判绩效状况（改进、稳定或下降）。绩效评价为对有关部门、单位和人员进行奖惩提供了依据。

基于基础数据库和信息平台积累的统计数据，朝阳区还不定期发布一些专项报告，针对领导关注的社会服务管理领域，以及社会关注的热点问题，发布权威性信息，为政府科学决策提供基础性支撑，也为正确认识问题和引导舆论提供基础性数据支持。

（5）开发诚信系统。借鉴发达国家的城市管理经验，朝阳区城市管理监督指挥中心与北京大学中国信用研究中心合作，开发了朝阳区社会信用系统，并启动社会诚信记录，初步建立了具有朝阳特色的社会信用体系。在建立和健全各类社会单位和个人信用档案的同时，逐步建立了社会信用记录系统。

诚信记录主要针对社会单位和市民个人，目的在于提升社会主体的守法和诚信意识。朝阳区社会信用系统建立于系统平台的个案记录基础之上，具有客观事实依据。当监督员发现并上报单位和个人的违法行为，该系统会自动记录相关信息。依据系统平台积累的统计数据，朝阳区还对社会单位履行法定责任情况进行考核评价。对考核成绩突出的社会单位，政府部门给予表彰和奖励，对考核成绩长期处于后进的社会单位，政府部门给予批评、教育和必要的处罚。

（二）"朝阳模式"的运行成效

通过构建全模式社会服务管理系统，朝阳区显著提升了社会服务管理的常态化和精细化水平，提升了城市日常运行中问题的发现和预警能力，提升了相关部门的回应性和处置能力，提升了社会协作和公众参与水平。朝阳区新型社会服务管理系统的运行成效，具体表现在以下五个方面。

（1）提升了社会服务管理的无缝化程度。"朝阳模式"最初主要是针对城市管理的部件和事件问题，通过引入网格化管理系统，实现了地理空间上的无缝隙监管体系。为提升社会管理和公共服务效能，朝阳区全面拓展了网格化管理系统的适用领域，逐步把应急管理、安全生产、综治维稳[①]、社会服务、社会事业、社会保障等职能都纳进来，构建了行政职能上的无缝隙监管体系。

（2）强化了信息集成与信息服务功能。"朝阳模式"的社会服务管理系统以监督指挥中心为轴心，以及时发现并处置问题为导向，建立了快捷的问题发现和上报机制。依托社会服务管理信息系统，可对监督员、政府热线、电子探头等多途径获取的信息进行集成。此外，该系统还承接市级部门、城市管理广播和北京市非紧急救助呼叫中心，对市级交派处理的问题信息进行集成管理。除集成问题信息外，监督指挥中心还建立了若干基础性数据库，能够准确掌握辖区人口、单位、房屋等基本情况。按照管理权限的不同，朝阳区

---

① 综治维稳是社会治安综合治理与维护社会稳定工作两项工作的简称。

实行信息分级共享机制，面向全区提供信息服务。它既为各街乡和委办局快速识别和处置问题提供了个案信息，也可提升各部门对基本情况的把握和判断能力，从而推进前瞻性管理和科学决策。

在为行政系统提供信息服务的同时，监督指挥中心还通过96105热线电话，面向市民提供信息咨询服务。目前，96105热线呼叫中心还承接了工商管理、投资服务、房管登记、社会保障等咨询服务工作，为公众解答相关办事流程。为提高信息服务质量，针对市民经常咨询的问题，呼叫中心组织建立了知识库。公众打入咨询电话，座席员快速对咨询问题进行记录，同时调取知识库中相关数据给予答复。

（3）提升了常态监督与追踪管理能力。"朝阳模式"通过监督员巡查、96105热线电话、电子探头等途径进行常态监督管理。发现问题以后，监督指挥中心以问题为导向，对问题处置进行追踪管理，形成发现问题、分析决策、派遣处置、监督评价的闭环管理流程。依托信息化社会服务管理系统，监督员和市民在发现问题后立即告知监督指挥中心，监督指挥中心随即进行立案，并迅速将任务派遣给责任单位，责任单位到现场处理问题，并将结果反馈给监督指挥中心。2010年，该系统共受理上报案件240万件，结案231.5万件，结案率为96.4%。对于属于市级责任单位的案件，则由区监督指挥中心上报市级平台协调督办。

过去，社会服务管理主要依赖各个专业机构，管理结构呈"蜂窝状",各个"条条"纵向联系通畅,但横向之间缺少联系。朝阳区通过设置监督指挥中心,打破了"条条"各自为政局面,形成了"网络状"结构,使社会服务管理开始从专业化管理走向无缝隙管理。过去,社会服务管理在获取社会需求和问题信息上处于被动状态,往往是矛盾和问题积累到一定程度,引发群体性事件或媒体曝光,才会引起相关部门的关注。"朝阳模式"社会管理系统由监督员进行无缝隙巡查,发现问题立即上报,市民也可通过热线电话反映需求、投诉或举报,监督指挥中心接到问题信息,经确认后予以立案并启动处置追踪管理程序。这种常态监督和追踪管理程序,杜绝了各类责任主体的推诿现象。

(4)拓展了社会协作与公众参与功能。在建设无缝化社会服务管理系统过程中,监督指挥中心遵循"多掌舵少划桨"原则,主要通过发现问题、受理立案促使各类责任主体快速处置和解决问题。各街乡注重发挥社会协作和社区协管自治的作用,由社区协调社会各方提供社会服务,改变了以前全部由街道主管、被动应付的方式,推动了政府职能的转变,促进了社会责任的回归。为减少问题发生、提升处置能力,各街乡和委办局纷纷引入合作治理机制,通过合同外包、政府补助、特许经营等方式,调动市场主体、社区协管自治组织参与社会管理。

为发挥公众参与的作用,朝阳区对各部门设置的热线电话进行整合,设立统一的96105政府热线呼叫中心,实行每天24小时值班,统一受理公众投诉、举报和咨询的各种问题。2010年，96105共受理热线205207件，其中咨询类共123866件，反映问题类44480件。通过定期对热线电话反映的问题进行统计分析，可以及时了解百姓需求。

（5）强化了综合预警与决策支持功能。朝阳区社会服务管理系统每天都会产生大量实时信息，包括社区工作人员录入和更新的基础数据库信息，监督员上报的问题信息，96105政府热线反映的投诉、举报信息。现代信息技术提升了数据存储和传递的可靠性和有效性，提升了海量数据的计算能力、储存能力和信息分享能力。对这些信息资源进行整合和集成，并通过电子政务网络，可在区政府、街乡和各委办局之间实现信息共享、互联互通。在朝阳区城市管理监督指挥中心进行调研，我们深有感触的是，政府管理已经进入了信息时代。充分利用并共享这些信息，不仅可以分析居民需求及其变化、改进政府决策和公共服务供给，而且可以给社会单位和居民个人提供服务。

基于从社区、网格、热线电话、探头源源不断报送而来的信息，可以更好地识别和发现潜在问题，前瞻性地采取对策措施，从源头上加强问题治理，实现由事后监督向事前控制转变。监督指挥中心在做好问题监督、处置立案和追踪管理的同时，还对信息系统积累的各类数据进行统计分析。基于各类统计数据，朝阳区适时发布各类绩效评价报告，根据绩效数据对各街乡和委办局进行排名。监督指挥中心还不定期公布各类基础性数据、发布专项调研分析报告，为政府决策提供辅助支持。

四 完善和推广"朝阳模式"的政策建议

（一）设立专门机构，强化监督指挥功能

"朝阳模式"的主要经验之一是，设立独立于各部门之外的监督指挥中心，专门负责问题识别和监督指挥工作，实行社会服务管理的执行权与监督权相分离。其要点在于，充分利用现代信息技术的信息搜集和处理能力，形成了强有力的监督指挥和追踪管理机制，成为促使各类责任主体切实履行法定职责的有效制度安排。

（二）明确职能边界，坚持掌舵而不划桨

朝阳区新系统投入运行以后，由于在实践中成效显著，受到区领导重视。这一方面为监督指挥中心开展工作提供了有力支持；另一方面也促使监督指挥中心不断拓展其职能领域。不断拓展业务领域，致使该系统的监督领域过于宽泛，监督指挥的灵敏性和捕捉真实问题的能力可能因此而降低。更重要的是，有些社会管理问题不是监督员肉眼可以识别的，如食品安全监督必须借助于现代监测设备。经济动态、法律司法、党的建设等工作，监督员也难以发现并报告真实问题。

为提升运作成效，有必要明确监督指挥中心的职责边界。目前，监督指挥中心的工作主要包括两块内容：一是通过监督员和热线电话发现并上报问题信息，启动立案监督、追踪管理和绩效评价；二是构建社区人口、单位、房屋等基础信息库，依托社区力量录入基础信息。为避免职能过于宽泛,有必要进一步界定这两块职能的具体内容。课题组建议:监督指挥中心主要负责对肉眼能够识别的社会服务管理问题进行立案监督和追踪管理,凡是肉眼无法识别的问题,则不纳入监督范围之内;在基础信息库建设方面,监督指挥中心可按照"以房管人""以房管单位"的原则,主要承担社区房屋及与之相关的人口、单位信息库建设,除此之外的基础信息不应纳入监督指挥中心的职责范围。明确界定监督指挥中心的职能边界,有利于更好地发挥"掌舵"角色,避免陷入不切实际的问题监督和无关紧要的基础信息库建设之中。这样,也有利于明确监督指挥中心与各专业部门的职责边界,避免职能交叉而产生不必要的误解和掣肘。

(三)完善评价机制,强化绩效评价功能

社会服务管理不仅要关注具体问题和立案处置,还要关注政府各部门的总体绩效及变化情况。目前,"朝阳模式"的绩效评价功能在全国处于领跑地位。但课题组认为,"朝阳模式"的绩效评价还可在以下三个方面进一步发展完善。

(1)改进绩效评价方法,提升绩效评价的科学性和公信力。朝阳区各街乡的辖区面积和人口规模差别较大,各委办局纳入社会服务管理的事项也有很大差异。简单地对各街乡或委办局进行绩效大排名,容易引起争议。建议改变比较方式,对各类责任主体进行评价,可通过与上月、上年度的绩效数据进行比较,对各部门改进绩效的实际效果做出评定。

(2) 定期发布绩效评价报告，提升绩效评价的常态性和权威性。目前，朝阳区已经建立绩效评价制度，但基本上是不定期发布报告。借鉴国外经验，建议朝阳区每月发布一次绩效评价报告。这样有利于保障绩效评价常态化，也能够增强各部门和社会的期待性，从而提升本项工作的权威性和公信力。

(3) 面向社会公开绩效评价报告，提升政府运作透明度。朝阳区目前在党政系统内部发布绩效评价报告，这在全国走在前面。但这些信息并没有直接上网，公众缺少渠道获取相关信息。借鉴国外绩效管理的先进经验，有必要增强透明度，公开发布绩效报告，方便市民在线浏览。定期且公开发布的绩效评价报告，势必会对低绩效部门形成有效的鞭策。

（四）深化数据分析，拓展决策支持功能

朝阳区社会服务管理系统建设有人口、单位、住房、综治维稳等基础数据库，系统平台也在记录各类立案和结案信息（动态数据库），通过对这些数据进行统计和分析，可以动态地反映社会服务管理存在的主要问题。将相关数据分析引入政府决策系统，能够提升对潜在问题的识别、回应和前瞻性决策能力。

目前，利用信息技术建设公共服务绩效评价系统，已经成为国际城市的发展趋势。美国纽约市、洛杉矶市、芝加哥市都建立了市政绩效评价系统，并将绩效数据引入政府决策过程。例如，纽约市警察局每周召开一次警务绩效会议,警察局长通过会议听取上周绩效报告,并部署下周工作。巴尔迪摩市每两周召开一次市政绩效会议,市长通过听取市政绩效报告部署工作。如果某个部门的绩效数据出现较大波动,会迅速引起市长和部门负责人关注。它创造了一种决策分析系统,在出现新问题时,能够快速启动决策流程。

鉴此,"朝阳模式"的潜在功效有待进一步挖掘释放。一方面,有必要深化绩效数据分析。即以问题立案及处置情况为基本依据,根据统一的标准收集信息并集成数据,由监督指挥中心聘请专业人员进行数据分析,并通过图表等简洁方式显示重要信息,为领导决策提供基础信息支撑;另一方面,要将绩效数据引入政府决策过程。由于专业化分析能够将潜在问题凸显出来,社会服务管理系统就会发挥双重驱动功能:一是在操作层面对具体问题的监督指挥,二是在决策层面对总体状况的决策指挥。

(五)拓展合作治理,推进社区协管自治

作为区别于东城模式的一种新模式,"朝阳模式"的显著特色在于,它基于现实区情,以发现、处置和解决问题为导向,积极推进合作治理,动员多元社会主体参与社会服务管理。合作治理展现了社会服务管理的新趋向,具有广阔的应用前景和旺盛的生命力。从朝阳区的经验看,在提供公共产品和公共服务方面推进政府与企业的合作,在城市社会管理方面推进社区协作和志愿行动是非常有效的,值得大力总结和推广。

回顾与点评

本文撰写于 2011 年秋，成果形式为国务院发展研究中心"调查研究报告"2011 年第 197 号。其缘起，则是当年朝阳区城市管理监督指挥中心委托国务院发展研究中心社会发展部，并由我牵头完成的"数字化社会服务管理'朝阳模式'研究"课题。朝阳区在运用现代信息技术于城市管理和社会服务方面下了很大功夫，在系统建设方面投入颇多，其具体操盘层面的领军人物朝阳区城市管理监督指挥中心皮定钧主任更是深入钻研、全身心投入。

城市治理：从政府本位到民众本位

一 城市社会治理的基本内涵

"社会治理"概念的流行始于20世纪七八十年代欧美国家，多见于政治学和社会学方面的文献，大都含有相关社会主体之间相互影响、相互作用、相互制约的意思，突出了现代社会在管理和控制上的多元性、互动性和动态性的特点。它强调现代社会治理不同于传统的政府统治，即它不仅仅依靠自上而下的政府行政权力，而要更多地容纳和依靠非政府主体的自治行动。

有中国学者对社会治理给出了这样的定义："社会治理，是指政府、社会组织、企事业单位、社区以及个人等行为主体，通过平等的合作型伙伴关系，依法对社会事务、社会组织和社会生活进行规范和管理，最终实现公共利益最大化的过程。"① 城市社会治理，就是城市空间范围内的社会治理。

在中国，中共十八届三中全会做出的《中共中央关于全面深化改革若干重大问题的决定》首次正式使用了社会治理的概念，并将"推进国家治理体系和治理能力现代化"

---

① 敬海新：《深化社会体制改革 实现社会治理现代化》，载《第五届中国行政改革论坛——创新政府治理，深化行政改革 优秀论文集》，中国行政体制改革研究会，2014，第132~140页。

作为全面深化改革的总目标，为"创新社会治理体制"专设一章。由此可见，完善和改进社会治理，已经成为中国社会生活中一项紧迫的重要任务。

二 中国城市社会治理面临的突出问题

在工业化、城市化、全球化、信息化等因素的综合影响之下，中国社会正处于剧烈转型之中，而传统的治理模式未能及时调整和适应，导致中国的城市社会治理中存在许多突出的问题。

一是政府的治理理念转变滞后。许多城市政府的领导人仍然习惯于传统的以政府为单一主体的"管理"，把公民和社会仅仅作为被管理的客体，结果是社会管理体现为刚性的、静态的、被动的、自上而下的单向度管控，多元主体的平等协商与合作未能形成，社会治理的成本高、效果差。

二是大量的非户籍外来人口仍处于边缘化状态，未被纳入多元共治的主体之中。虽然城市户籍管理制度改革已经启动，但由于"路径依赖"的作用，依托于传统户籍制度的社会福利体系和居民权利体系尚未发生全局性变化，非户籍外来人口与户籍人口之间的权利差距旧态依然，非户籍外来人口在城市中既未被当作平等的权利主体，其自身也具有较强的客居心态。

三是社区与居民自治的不发育。长时期高强度的一元化管控，未形成社区与居民自治的传统。其结果是，类似于社区周边的占道经营、社区内部的私搭乱建、乱倒垃圾、邻里之间的噪声污染等居民日常生活中常见的权益纠纷问题，原本都应该通过社区自治、居民民主协商和自主管理的手段加以解决，由于社区与居民自治功能的缺失，不得不求助于"城管"等公权力的广泛介入，反过来进一步强化了"强政府、弱社会"的格局。

四是社会问题多样化、复杂化、高发化，传统的社会管理方式与手段严重滞后。随着经济社会的快速发展，公民权利意识提高，社会诉求提升。城市居民对社会治理的要求已不局限于享受公共服务、维护社会治安和秩序、化解邻里矛盾等社会稳定的层面，而是在参与公共事务、自由表达意见、保障合法权益、维护良好生活环境等涉及社会公正和社会和谐方面有了更多和更强的诉求，而传统的以控制、强制、法制为主要方式和手段的社会管理难以对这些诉求做出有效回应。

三　城市社会治理创新的实践探索

自从党的十六大报告把"社会更加和谐"列为全面建设小康社会目标体系中的一个重要指标，特别是十六届四中全会提出了"深入研究社会管理规律""加强社会建设和管理，推进社会管理体制创新"的任务以来，许多城市政府都在城市社会治理创新方面有所探索，创造出丰富的实践案例。通过梳理这些案例，可以将社会治理创新的方向初步分为以下四种类型：①扩大公共服务的覆盖面；②实现治理主体的多元化；③运用技术手段提高治理效能；④通过资源整合提升治理效能。

在扩大公共服务的覆盖面方面,将原来被排除在城市公共服务对象之外的外来人口、农村户籍人口纳入服务范围,是一个重要的创新领域。例如,甘肃省嘉峪关市从2012年1月1日起,彻底取消城乡户籍差别,全市30万人口不再区分"农业户口"与"非农户口",统一登记为"居民户口"。通过此举,原来的农业户籍人口在医保、子女入学、住房保障等方面与城市户籍人口之间的差别得以消除。再如,大连市西岗区于2014年9月设立了外来人员综合服务中心,为初到大连的农民工提供临时住宿、就业咨询、法律援助、网上订票等多项服务。

在实现治理主体的多元化方面,温州市于2012年10月出台了《关于加快推进社会组织培育发展的意见》等一系列文件,对公益慈善类、社会福利类、社会服务类和基层社区社会组织全面放开登记,资金门槛降为零。短短两个月时间,全市新增登记备案的社会组织达到1500多个。截至2014年9月,温州市共有20家政府职能部门,向100多家社会组织购买了20项公共服务,涉及五水共治、教育、社区、培训、司法、养老、医疗卫生等公共领域。再如,上海市南汇区惠南镇从2003年起实行了公共预算制度改革,从2003年底开始,该镇的实事工程项目不再由镇政府拍板决定,改由镇人大代表票决产生。并且,实施过程由代表监督,建设结果由代表评估。这样,镇人大代表在广泛征求居民意见的基础上直接参与镇的重大事项决定,扩大了居民民主参与的层面。

在运用技术手段提高治理效能方面，肇始于北京市东城区的"网格化管理"收到比较明显的成效，在全国许多城市得到推广应用。所谓网格化管理，就是将城市空间划分为若干单元（即"网格"），依托数字化信息平台，对单元网格内的管理需求及时做出响应的城市信息化管理模式。实践证明，这一模式在提高城市管理效率、降低城市管理成本、再造城市管理流程、提高公众满意度等方面均有良好表现。自2004年在北京市东城区率先试点后，在建设部的主导下逐步向全国推广。据截至2012年的不完全统计，全国已有90多个城市已经采用或正在推行网格化管理。

在通过资源整合提升治理效能方面，1995年，深圳市首次把与外商投资审批有关的18个政府有关部门集中起来办公。以行政服务中心、市民服务大厅等形式提供窗口服务的做法逐渐在全国得到推广，目前在地市及县已经比较普遍，在安徽、江苏、浙江等地有不少乡镇也成立了便民服务中心。这种做法方便市民办事，提高了政府效能。

实行大部门制改革，也是通过资源整合提升治理效能的一个重要途径。广东顺德于2009年启动了大力度的大部门制改革，党政部门机构数由41个重组为16个，对机构、职能、编制、人员和运行机制重新整合，按照权责一致的原则优化权责和资源配置，形成新的组织结构和工作格局。其结果，大大提高了行政效率和服务水平。

上海市闵行区的"大联动"模式、上海市嘉定区的

"大联勤"模式等，也都是通过资源整合提升治理效能的实践探索。其实质是在不改变现有行政管理组织体制的前提下，通过综合采用社会协管力量整合统管、管理信息集中采集共享、行政执法协调联动等方式，优化完善城市综合管理运行机制。其目标是形成上下联动、问题联处、执法联动的社会管理联动局面，形成合力。

四 案例：大连市西岗区"365工作体系"

大连市西岗区从2012年3月开始，创建了"365市民大楼"，并以其为核心建立了"365工作体系"。该体系运行三年多来，在提高公共服务的质量、效率、化解社会矛盾、促进社会和谐、组织公益活动、激发社会活力、促进居民自治、改进基层治理等方面都取得了明显成效，成为城市社会治理创新的一个具有较好示范意义的模式。

（1）一座全时运行、全方位响应的市民大楼。西岗区的365市民大楼从2012年3月30日开始正式运行。大楼的名称本身就体现了决策者的目标：建立一个全时运行的市民服务中心。其功能设置包括六个服务平台：便民服务平台、婚姻家庭服务平台、社会组织管理服务平台、市民听证议事和维权平台、热线和网络管理服务平台、网格化社会管理信息平台。

（2）三级管理、四级联动的365工作体系。西岗区还将服务触角下移，在所辖七个街道全部建立了365市民中心，45个社区全部建立了365工作站。同时，将全区划分为120个一级网格，每个网格配备一名专职网格员。网格员被赋予事前主动发现、事后督促检查的职能。这样，就形成了一个以365市民大楼为区级中枢，区、街道、社区、网格三级管理四级联动的365工作体系。

（3）五个方面的特色创新。从社会治理的角度看，"365工作体系"主要有五个方面的特色创新：在治理理念上，将群众满意作为核心目标；建立联席协调机制，填补管理空白；建立居民听证议事制度，促进居民成为治理主体；以公益项目为载体，激发社会组织活力；主动发现问题，实现城市管理的精细化。

五 未来努力方向

（1）进一步推进治理理念更新。社会治理所涉及的范围非常广泛，社会治理创新所涵盖的内容自然也就非常丰富。但是，具体内容各异的社会治理创新，其初始动力都来自于治理理念的更新。大连市西岗区365工作体系所展现出的多方面社会治理创新，最关键的起点就在于提出了"做群众需要的事，做事让群众满意"的核心理念。政府的社会治理理念要从过去那种偏重于政府本位的管制控制思维，转变到民众本位的协同治理思路上来；从被动的响应诉求和维稳，转变到主动改善民生、完善社会服务、疏导诉求渠道、维护公众权益、协调利益关系、化解社会矛盾、解决社会问题的治理理念上来。有了治理理念的更新，才能够相应地在治理架构、治理方式、资源配置、政府职能转变等多个层面进行创新。

(2) 推进行政管理体制的相应改革。在社会治理理念发生变革之后,原有的政府行政管理体制并不能自动与之适应,而需要进行相应的改革。过去的各级政府机构设置以经济综合管理部门为主,社会综合管理部门相比之下极为薄弱。同时,各级政府部门的管理对象主要是针对行业和领域,而不是针对公众和群体。大连市西岗区通过从政府相关部门抽调人员组建365市民大楼,并以其为核心构建了涵盖政府各职能部门及市政公用企业的联席协调机制,成功实现了社区事务的"一门式"受理服务和服务的全年无休,大大提高了政府为民众服务的便捷度、透明度和亲和度,是主动通过行政管理体制改革来适应治理理念变革的成功探索。在其他城市,也应当根据改进和完善社会治理的需要因地制宜地开展行政管理体制改革。

(3) 注重消除现有的服务和管理空白。随着工业化、信息化、城镇化、市场化、国际化进程的加快,中国社会处于快速的转型和变化之中,社会管理的对象大幅度扩大,公众的社会诉求明显增多,过去传统的社会管理模式无论在理念、体系、制度上,还是在机构设置、管理职能、管理方式等方面都与之不相适应,出现了很多管理空白和薄弱环节。鉴此,以居民需求为出发点、注重消除管理和服务的空白与薄弱环节,应当成为社会治理创新的重要方向。

(4) 进一步引导和强化居民自治。推进社区自治,是发展基层民主,使人民依法行使民主权利,实行自我管理、自我服务、自我教育、自我监督的有效形式。社区自治的具体事项，主要包括：社区的公共秩序、民意表达、诉求反馈、邻里关系、居民服务、矛盾调解，以及社区消防安全监督、卫生维护和治安维护等。有了有效的社区自治，很多事务就不再需要行政手段和司法程序等公权力的干预，而可以通过社区各种利益相关者之间的民主协商和合作来解决。

推进和实现城市社区自治，是基层民主发展的必然趋势，而且有利于降低行政成本和促进社会的和谐稳定。虽然有一些地方在推进社区和居民自治方面已经做了初步尝试，但总体上思想还不够解放，进展还比较缓慢。在党中央已经提出全面推进依法治国的重大任务和依宪治国、依宪行政重要理念的大背景下，推进社区和居民自治的当务之急，应当是将宪法赋予公民在社会生活中的各项权利切实落实到位。唯此，才能使公民和社会组织参与城市社会治理有空间、有渠道、有保障，使其能够真正发挥作用。

回顾与点评

本文刊于 2016 年第 2 期的《中国经济报告》。其缘起，是参与由李善同研究员领衔的国家自然科学基金重点项目"新阶段我国城市化发展道路的选择及管理研究"并担纲了其中的"城市化中的社会治理"专题。本文基于该专题的部分成果凝练而成。其中社会治理创新的实践部分，素材大多来自俞可平教授主导创立的"地方政府创新奖"的获奖项目案例。《中国经济报告》的编辑在刊发本文时，将文中的一句话"政府的社会治理理念要从过去那种偏重于政府本位的管制控制思维,转变到民众本位的协同治理思路上来"放在了标题之下,此举甚合我意。但从实践的发展来看,这是一件任重道远的事情。

从公共产品供给模式入手的社会治理创新
——深圳市龙岗区"社区民生大盆菜"的经验和启示

深圳市龙岗区从 2015 年初开始，启动了"社区民生大盆菜"改革项目。其核心内涵，是把一部分社区层面的、小规模的公共产品和公共服务项目的选择权交给了居民自身，从过去的"政府配菜"变为"居民点菜"。项目实施一年多来，在提高基层公共产品和公共服务对居民需求的回应性、促进居民自治改进基层治理两大方面取得了明显的成效，是城市社会治理创新的一个有益探索。

一 基本情况

龙岗区是深圳市的后发城区，2005 年完成城市化改制，2010 年进入深圳特区的版图。由于历史原因，区内的基础设施及公共服务相对原"关内"城区还存在一定差距。近年来，龙岗区为改善这一状况增加了相关投入，取得了一定成效。但在此过程中也发现，一些民生实事项目与居民的需求之间存在一定程度的错位，居民的认同感不高。为了改变这一状况，在借鉴一些其他地区社会治理经验的基础上，龙岗区于 2015 年 2 月推出了"社区民生大盆菜"改革项目。其主要内容是，由区财政向每个社区提供项目资金（2015年为每个社区 200 万元），项目内容则由社区居民自主决定。当地干部群众形象地将这种做法称为"居民点菜做菜,政府买单"。之所以取名为"社区民生大盆菜",则是以当地习俗来体现项目创意:龙岗区是客家人聚居地,逢年过节有集聚相庆、共享"大盆菜"的习俗。一个大盆中各式菜肴叠放在一起炖煨,既有山珍海味,又有家常青菜,食者各取所好,可以最大限度满足众人的不同需求。借用这种乡土习俗的名称,也使项目内涵更易于被居民所理解,有利于动员居民的广泛参与。龙岗区政府希望通过实施"社区民生大盆菜"项目,对居民迫切需要、普遍关注的社区层面的民生实事,进行系统化、规范化、常态化办理,并以实现社区居民"我的实事我做主"的方式,培育和提升社区自治能力,探索完善社区自治共治机制。

为推进项目的顺利开展,龙岗区于项目启动伊始就制订了《龙岗区"社区民生大盆菜"改革项目管理暂行办法》,对项目进行了整体的制度设计。其中的一些要点如下。

项目征集:由社区居委会牵头,以社区和谐共建促进会为平台,以多种途径公开向居民进行项目的征集。

项目范围:项目分为工程类、服务类和货物类三项。工程类项目主要推进小区文体设施完善、社区公园绿化美化、老旧小区环境整治、小区便民设施和公共设施维护提升;服务类项目包括社区文体活动组织、各类技能培训等;货物类项目包括社区公共设备和产品的采购等。

项目确定程序:首先由社区和谐共建促进会对社区居委会收集的项目进行讨论票决,确定为本社区"大盆菜"初选项目。在此基础上,各街道办组织"两代表一委员"、社区居民代表和专家对各社区初选项目进行论证评审,明确本街道"大盆菜"备选项目并上报区民政局。最后,区"大盆菜"项目专责小组定期召开会议,研究确定区民政局汇总的各街道"大盆菜"实施项目。

项目公示要求:所有项目坚持"四公开",即征集公开、确定公开、实施公开和效果公开。项目公示由社区居委会负责组织实施,公示内容包括经区"大盆菜"项目专责小组研究决定的项目名称、项目内容、项目资金、实施主体、进度安排、实施中的进度情况、实施后的资金使用情况、实施效果和群众评议等。另外,经审核未能通过的项目也要以公示的方式充分说明理由,以取得居民的理解。公示的方法采用社区居务公开栏、楼栋宣传栏、电子广告宣传栏以及社区家园网等载体,公示时间为两周。

项目资金管理:项目资金列入区财政年度预算,并专门制订了专项经费管理实施细则作为管理依据。根据该实施细则,项目经费审核及拨付程序如下:社区居委会申报→街道办事处汇总→区民政局审核→区"大盆菜"项目专责小组研究决定→区财政局在15个工作日内拨付资金到街道办事处。各类项目的资金额度为:工程类项目单项资金一般不超过50万元,服务类项目单项资金一般不超过20万元,货物类项目一般不超过3万元。另外,对征集到的确属社区迫切需要且工程量和所需资金额较大的项目,将纳入区政府民生实事项目统筹解决。

项目评议：由街道办采取两种方式组织实施。一是公开测评。项目完成后，街道办组织"两代表一委员"、社区党员、居民代表、业主委员会成员以及有关项目专家，对项目实施情况进行满意度测评，并将测评结果向社会公开。二是项目评优。采取居民评议、专家评议等方式，开展"优秀项目提议""优秀项目"评选活动，对居民提议、项目完成情况进行评选，评出"好提议""好项目"，并通过媒体进行宣传。

截至2015年底的近一年时间里，龙岗区共分四批确定了3211个"大盆菜"项目，经费总额达到4.17亿元。项目中工程类1405个，占44%；服务类1094个，占34%；货物类712个，占22%。工程类项目主要包括小区内的道路修缮、文体广场建设或维修、绿化种植等；服务类项目主要包括举办教育培训活动、文体活动及青少年、老年人活动；货物类项目主要是采购文化用品和便民利民设备。

二 "社区民生大盆菜"的社会治理创新意义

"社区民生大盆菜"最核心的内涵，是把一部分社区层面的、小规模的公共产品和公共服务项目的选择权，交给了公共产品和公共服务的需求者——居民自身，从过去的"政府配菜"变为"居民点菜"，这是基层公共服务供给模式的一个重要创新。也就是说，以往几乎所有的公共产品和公共服务项目都是由政府自上而下地决策和实施，居民只能被动地接受；而通过"我的实事我做主"的供给决策模式创新，使基层公共产品和公共服务的供给更好地实现了需求导向，居民日常感受到的一些看似不大但确给生活带来不便和困扰的事情陆续得到解决。由于"社区民生大盆菜"项目在"我的实事我做主"的决策机制导向之下，其所指向的基本上都是居民迫切希望解决的急事、难事，这既是对习近平总书记在中央全面深化改革领导小组第十次会议上提出的"让人民群众有更多获得感"① 改革大方向的贯彻落实，也是以补民生短板的方式，契合了近期中央大力提倡的供给侧结构性改革的方向。

从社会治理的视角看，"社区民生大盆菜"项目的实施，反映的是政府治理理念的转变，符合党的十八届三中全会《中共中央关于全面深化改革若干重大问题的决定》（以下简称《决定》）提出的"推进国家治理体系和治理能力现代化"全面深化改革总目标的要求。在过去那种单纯强调政府管理的思维之下，政府是唯一的社会管理主体，社会事务的管理是一元化的、自上而下的、单向度的，即使是最为贴近居民日常生活的基层公共服务，居民也只能被动地接受政府决策的结果。《决定》提出："实现政府治理和社会自我调节、居民自治良性互动……促进群众在城乡社区治理、基层公共事务和公益事业中依法自我管理、自我服务、自我教育、自我监督。"这些要求突出了人民群众在社会治理中的主体作用，坚持了社会治理为了人民、依靠人民、成果由

---

① 习近平主持召开中央全面深化改革领导小组第十次会议 李克强等出席，http：//www.gov.cn/xinwen/2015－02/27/content_ 2822649.htm ［2016－03－05］。

人民共享的新型治理观，是我党顺应时代发展潮流、在社会治理理念方面的重大创新。深圳市龙岗区"社区民生大盆菜"的核心内涵就是在基层公共服务领域实现了从"政府配菜"到"居民点菜"的转变，无疑是践行执政党社会治理理念创新的实践探索，值得充分肯定。

另外值得特别强调的是，这种"我的实事我做主"的公众参与实践，对培育社区居民的自治理念和自治能力，有着十分重要的积极作用。毋庸讳言，由于过去较长时期内社会领域高度一元化管控的影响，也由于公权力缺乏有效的监督和制约，公权力过度扩张，侵入了许多本来属于应由私权利相互之间进行协商来调整的领域，导致我国目前社区与居民自治发育严重不足，理念与能力的基础都非常薄弱。这是我国社会转型期社会治理领域存在的突出问题之一。以前些年屡屡成为社会热点的"城管"问题为例，很多属于城市管理综合行政执法部门执法范围内的事项，如社区周边的占道经营、社区内部的私搭乱建、乱倒垃圾、邻里之间的噪声污染等问题，原本都是可以通过社区自治、居民民主协商和自主管理加以解决的。但由于社区自治能力的孱弱，不得不求助于公权力的广泛介入。这一方面造成城市管理综合行政执法部门的职责范围过宽、官民矛盾扩大化；另一方面反过来更进一步挤压了居民自治的空间，导致社区和居民自治的更加难以发育。《决定》指出，改进社会治理方式，要"鼓励和支持社会各方面参与，实现政府治理和社会自我调节、居民自治良性互动"。但现阶段我国居民自治的意识和能力还比较薄弱，需要一定的引导和培育。深圳市龙岗区的"社区民生大盆菜"由于是最为贴近居民的基层公共产品和公共服务项目，与居民的切身利益密切相关，因此最容易唤起居民的参与热情和自治意识，而通过项目实施过程中的议事、投票、监督等环节，对居民参与公共生活的意识和能力都是很好的"干中学"的培养，能够为居民自治的未来发展打下良好的基础。

三 结束语

社会治理的内涵，除去社会公共服务的提供之外，还包括社会秩序的维护、社会利益关系的协调、社会公益活动的组织等方面的内容。深圳市龙岗区的"社区民生大盆菜"属于运用新的治理理念在社会公共服务提供方面的探索。近年来很多地方都在社会治理层面根据当地实际进行了多种多样的探索，创造出了丰富多彩的实践案例，不同地方之间的相互借鉴、取长补短将是大有裨益的。相信通过各地方社会治理创新实践的总结和交流，我国地方政府在社会治理创新领域的探索能够在深度和广度两个维度取得持续性的进展，在更广的领域、以更多的途径向居民"还权"和"赋能"，朝着十八届三中全会《决定》提出的"增强社会发展活力，提高社会治理水平"的目标开拓奋进。

回顾与点评

本文撰写于 2016 年 3 月，是国务院发展研究中心"调查研究报告"2016年第33号。接触到这一案例的契机，是某中央级媒体于当年年初组织的实地调研活动。这一案例后来获评了"2015年度全国十大社区治理创新成果"。在此值得附带提一句的是，当时深圳市市区两级财政资金充裕，财政收入连年超过年初预算，是这一模式出台的重要背景。虽然如此，只要政府的治理理念发生了变革，财政资金不是那么充裕的地方也是可以有相应的创新做法的。

社会治理的发展历程与未来愿景

一 从社会管理到社会治理是重大的治道变革

党的十八届三中全会通过的《中共中央关于全面深化改革若干重大问题的决定》首次将我国改革的总目标定位于"完善和发展中国特色社会主义制度,推进国家治理体系和治理能力的现代化"。自此,"社会治理"取代"社会管理",成为被广泛使用的概念。

从"社会管理"到"社会治理",虽然只有一字之差,却体现了理念上的重大进步,是一次重大的治道变革。对于社会管理与社会治理的区别,学者周红云做了如下梳理:首先,社会管理更强调主体对客体的管理和控制;而社会治理强调多元主体的平等合作。社会管理将政府视为管理主体,将社会视为被管理的客体,偏重于政府对社会进行管理和控制;而社会治理则强调多元主体,政府和公民社会都是一方治理主体,二者平等合作对公共事务进行共同治理。其次,社会管理是单向度的,强调政府对社会单方面的自上而下的管控;而社会治理强调多元主体之间的多向度的协商与合作,从而达成对公共社会事务的有效治理。再次,社会管理更多强调政府对社会公共事务的管理;而社会治理首先强调公民对社会公共事务的自我管理与自治,同时并不排斥政府对社会公共事务的管理,并强调政府与社会的合作共治。最后，社会管理主要体现为刚性的、静态的、被动的管控，是主体与客体之间的管理与被管理；而社会治理则主要体现为柔性的、动态的、主动的治理。

社会学家周晓虹教授指出：从社会管理到社会治理，是从根本上对国家与社会关系的新的确认。具体说来：①新型社会治理体制倡导的是"在发挥政府主导作用"的同时，也"鼓励和支持社会各方面参与"。也就是说，在新的社会治理体制下，国家或政府不再是单一的社会管理主体，其他社会组织、私营机构也可以作为权力主体参与其中，这体现了"还权于民"的倾向；②同原先社会管理体制强调国家（政府）对社会的强制性管理不同，新型社会治理体制强调在"政府治理和社会自我调节、居民自治"之间建立"良性互动"式的合作。要实现良性互动，首先是需要社会的自主、自治与自律，其次是需要政府的引导、扶持和回应。事实上，社会的正当需求与政府的积极回应，正是达成"善治"的前提；③新型社会治理体制必须摒弃将效率尤其是单纯的经济效率作为政府的主导行为准则的观点，同时要改变社会管理的全能主义模式。就前一点而言，我们应该从单纯地追求GDP增长，转向追求经济与社会协调、可持续的发展模式，从强调"效率优先，兼顾公平"转为"在公正基础上追求效率，以公平促效率"；就后一点来说，则力求使政府能够逐渐减少其管理职能而强化其社会服务职能，国家不再扮演社会治理的"全能"角色，在管好自己应该管的事情的同时，将不该管的事情交给社会组织或其他中介机构。

二 我国从社会管理到社会治理的历史演进

1949年之后,我国按照战时的社会动员经验和"苏式社会主义"的模式建立了社会管理模式和计划经济体制。在这样的体制下,政府控制着整个社会的全部经济运行和社会管理,甚至包括社会成员的日常生活,是典型的全能型政府。在这种社会中,国家掌握一切资源,通过行政控制来实现社会的整合,将社会管理纳入经济管理范畴,通过计划手段实现对社会经济生活的管理。这种管理体制带有浓厚的计划经济色彩和价值取向,也与苏联及东欧计划经济国家社会管理的做法基本一致。在这种高度一元化的社会管控体制之下,政府是政治、经济、社会生活的计划者和管理者,政府管控社会资源,实现对社会的管理及公共服务的组织和供给。民众生活的各方面几乎都被纳入行政权力控制的范围之内,国家的触角延伸到社会生活的每一个领域。在这一阶段,国家对社会成员进行资源的分配是通过城市的"单位"和农村的"人民公社"来具体实现的。城镇单位制和农村人民公社体制,具有典型的政治、经济与社会三位一体的功能。"单位"和"人民公社"通过垄断政治、经济、社会资源,形成了对所属成员的支配关系,社会成员没有自由支配的资源,缺乏自由流动的空间,成员只有全面依附单位和人民公社,从而造就了社会个体的依赖性人格。

从中华人民共和国成立到改革开放前期,我国社会治理的主要特点是:社会资源以计划配置为主,社会整合以行政手段为主，社会事业由国家或集体包办，并以户籍制度限制人口的城乡间流动。以行政手段为主的社会整合表现在以政治控制和行政控制代替社会控制，依靠政治动员、行政命令、典型示范来达到社会成员思想上的一致和行动上的统一，实现社会整合的目标。这个时期的国家是社会管理的唯一主体，社会服务的唯一提供者，行政手段是主要的管理手段。政府管理、强制秩序、政府包揽、政府统管的高度一元化管理成为这一时期社会治理模式的主要特征。

改革开放开始之后，我国计划经济体制逐步被破除，市场经济机制被逐步引入我国经济发展实践中，从计划经济向"有计划的商品经济、社会主义商品经济"逐步过渡。在这一过程中，我国的所有制结构由单一的公有制经济结构，经过"公有制为主体、非公有制经济为补充""鼓励和支持非公有制经济发展"，逐步演变为"以公有制为主体，多种所有制形式共同发展"的所有制结构。所有制结构的变动使得社会关系结构加速调整，同时社会成员的自由活动空间逐步扩大，社会流动加剧。在这一阶段中，社会经济成分、组织形式、就业方式、利益关系和分配方式开始出现多样化的趋势，原有的整体性和平均化的社会利益结构逐步被打破，各类利益主体开始成长。在这一阶段，国家对社会成员进行资源的分配是通过城镇中的"单位制＋街居制"和农村的"村民委员会"来具体实现的。

1992年邓小平"南方谈话"之后，中国加快了市场化改革的进程。随着市场经济体制的逐步确立和不断完善，社会也步入了快速转型时期。市场经济体制改革的不断深化使得社会结构产生激烈、深刻和持续的分化,以广大农民、进城农民工、城镇下岗失业人员为主体的社会弱势群体阶层形成并不断扩大,社会异质性和不平等程度提升,社会矛盾与社会冲突剧增;同时,农村村民自治逐步完善,城镇街居制由于职能超载,社区制开始浮出水面,2000年国务院办公厅转发了《民政部关于在全国推进城市社区建设的意见》,标志着社区制建设正式启动。与此同时,社会组织发展加快,1998年修订与颁布的《社会团体登记管理条例》和《民办非企业单位登记管理暂行条例》对我国民间组织的发展产生了一定的积极作用。

这一阶段的社会治理依然是以政府为主体,基层自治组织和社会组织仍然处于附属地位,还没有从被管理对象转变为协同管理主体,主要在扶贫济困、福利慈善、社会救助、研究和反映民生诉求等方面发挥一些拾遗补阙作用。

2002年党的十六大提出了全面建设小康社会的阶段性奋斗目标,标志着中国经济社会发展进入了新的历史时期。2004年9月,党的十六届四中全会通过了《中共中央关于加强党的执政能力建设的决定》,提出"加强社会建设和管理,推进社会管理体制创新。深入研究社会管理规律,完善社会管理体系和政策法规,整合社会管理资源,建立健全党委领导、政府负责、社会协同、公众参与的社会管理格局"。党的十六届六中全会通过的《中共中央关于构建社会主义和谐社会若干重大问题的决定》专门就完善社会管理做出了明确部署，包括：建设服务型政府，强化社会管理和公共服务职能；推进社区建设，完善基层服务和管理网络；健全社会组织，增强服务社会功能；统筹协调各方面利益关系，妥善处理社会矛盾；完善应急管理体制机制，有效应对各种风险；加强社会治安综合治理，增强人民群众安全感；加强国家安全工作和国防建设，保障国家稳定安全。

2012年11月，党的十八大报告强调"加强社会建设，必须以保障和改善民生为重点"，并提出"加强社会建设，必须加快推进社会体制改革"。报告指出了社会体制改革的"四个加快"："加快形成党委领导、政府负责、社会协同、公众参与、法治保障的社会管理体制，加快形成政府主导、覆盖城乡、可持续的基本公共服务体系，加快形成政社分开、权责明确、依法自治的现代社会组织体制，加快形成源头治理、动态管理、应急处置相结合的社会管理机制。"

2013年11月，党的十八届三中全会通过了《中共中央关于全面深化改革若干重大问题的决定》，提出："全面深化改革的总目标是完善和发展中国特色社会主义制度，推进国家治理体系和治理能力现代化"。该决定专设了"创新社会治理体制"一章，指出："创新社会治理，必须着眼于维护最广大人民根本利益，最大限度增加和谐因素，增强社会发展活力，提高社会治理水平。"并从"改进社会治理方式""激发社会组织活力""创新有效预防和化解社会矛盾体制""健全公共安全体系"四个方面提出了原则性的改革要求。

2015年11月召开的党的十八届五中全会提出要加强和创新社会治理。建设平安中国，完善党委领导、政府主导、社会协同、公众参与、法治保障的社会治理体制，推进社会治理精细化，构建全民共建共享的社会治理格局。

党的十九大报告提出，打造共建共治共享的社会治理格局。这个提法在"十三五"规划提出"共建共享"的基础上增加了"共治"，体现了治理的核心理念。报告还提出，"提高社会治理社会化、法治化、智能化、专业化水平"。"加强社区治理体系建设，推动社会治理重心向基层下移，发挥社会组织作用，实现政府治理和社会调节、居民自治良性互动。"

从最近十多年来党中央对社会管理、社会治理问题的相关表述的变化可以看出，社会治理问题越来越受到重视，相关理论研究越来越深入，治理思路越来越清晰，社会治理的内涵、外延、重点越来越明确，为实现社会治理的科学化打下了良好的基础。

三 我国社会治理的未来愿景

近十多年来，我国的社会治理无论在理念还是实践层面都取得了长足的进步，在扩大公共服务的覆盖面、实现治理主体的多元化、运用技术手段提高治理效能、通过资源整合提高治理效能等几个方向上都涌现出不少创新性探索。但同时也应该认识到，我国的社会治理从总体上看水平还不高，还面临着多方面的突出问题。这些问题主要包括：第一，社会快速转型，传统的治理模式不适应；第二，社会利益矛盾剧增，现有的治理能力不适应；第三，公众的意识发生了重大的变革，既往的治理理念不适应；第四，政府在社会领域的"还权赋能"不足，政府以外的治理主体（社会组织等）发育严重不足。针对上述突出问题，已有不少地方大力推进社会治理创新，涌现出了一些值得借鉴和推广的经验。通过对这些创新经验的总结和提炼，可以对我国的社会治理提出以下五个方面的愿景。

一是治理理念进一步更新。社会治理创新，其初始动力都来自治理理念的更新。政府的社会治理理念要从过去那种偏重于政府本位的管制控制思维，转变到民众本位的协同治理思路上来，从被动的响应诉求和维稳，转变到主动改善民生、完善社会服务、疏导诉求渠道、维护公众权益、协调利益关系、化解社会矛盾、解决社会问题的治理理念上来。有了治理理念的更新，才能够相应地在治理架构、治理方式、资源配置、政府职能转变等多个层面进行创新。

二是治理理念的变革推动行政管理体制的相应改革。在社会治理理念发生变革之后，原有的政府行政管理体制并不能自动与之适应，而需要相应的改革。过去的各级政府机构设置以经济综合管理部门为主，社会综合管理部门相比之下极为薄弱。同时，各级政府部门的管理对象主要是针对行业和领域，而不是针对公众和群体。已有一些地方进行了通过行政管理体制改革来适应治理理念变革的有益探索。随着治理理念变革的进展，根据改进和完善社会治理的需要进行因地制宜的行政管理体制改革将成为大势所趋。

三是现有的一些服务和管理空白将被逐步消除。随着工业化、信息化、城镇化、市场化、国际化进程的加快，我国的社会处于快速的转型和变化之中，社会管理的对象大幅度扩大，公众的社会诉求明显增多，过去传统的社会管理模式无论在理念、体系、制度上，还是在机构设置、管理职能、管理方式等方面都与之不相适应，出现了很多管理空白和薄弱环节。以居民需求为出发点、注重消除管理和服务的空白与薄弱环节，将成为社会治理创新的重要方向，并使现有的服务和管理空白被逐步消除。

四是社区自治进一步发展。推进社区自治，是发展基层民主，使人民依法行使民主权利，实行自我管理、自我服务、自我教育、自我监督的有效形式。社区自治的具体事项，主要包括社区的公共秩序、民意表达、诉求反馈、邻里关系、居民服务、矛盾调解等。有了有效的社区自治，很多事务就不再需要行政手段和司法程序等公权力的干预，而可以通过社区各种利益相关者之间的民主协商和合作处理来解决。推进和实现社区自治，是基层民主发展的必然趋势，而且有利于降低行政成本和促进社会的和谐稳定。推进社区自治的当务之急，应当是以宪法为依据，将宪法赋予公民在社会生活中的各项权利切实落实到位，将那些过去被有意无意剥夺的权利"还给"公民和社会组织。唯此，才能使公民和社会组织参与城市社会治理有空间、有渠道、有保障，能够真正发挥作用而不是仅仅作为点缀。

五是社会组织进一步发展，社会组织活力得到激发。改革开放以来，社会组织在促进经济发展、繁荣社会事业、创新社会治理、提供公共服务等方面发挥了重要作用。但就现状而言，社会组织注册难的问题仍比较普遍，也有很多社会组织面临资金短缺的困境，难以适应多元主体治理对社会组织提出的更高要求。多元主体治理要求政府重视社会力量在社会治理中的作用，体现参与、平等、合作和民主的原则。政府应坚持积极扶持原则，降低社会组织登记注册门槛，放宽准入限制。适合社会组织提供的公共服务和解决的事项，交由社会组织承担。政府应制定向社会组织转移职能的指导意见和转移事项目录，建立相应动态调整机制和公示制度。政府还应建立向社会组织购买公共服务制度，制定指导目录和管理办法。通过这些做法，社会组织将得到更大发挥空间。

回顾与点评

本文写于2018年晚夏，是应国务院发展研究中心主管的刊物《中国发展观察》的邀约而完成的命题作文，刊登于该刊2018年19期、20期合刊上。2018年是我国改革开放40周年，不少刊物都组织了对相关领域40年发展历程的回顾文章。我因最近几年在城市社会治理领域做了些工作，被选中写这样一篇文字。

对于社会治理而言，在政府与社会的关系中给予社会以更大的自主性空间，既是当务之急，也还任重道远。

可持续发展篇

　　我于 2000 年在国务院发展研究中心内部调动，从发展战略和区域经济研究部调动到社会发展研究部，负责"人与自然关系的社会问题"的政策研究，也就是进入了可持续发展研究的领域。这部分所收文章的时间跨度从 2002 年到 2018 年，其中有两篇曾公开刊发过。

环境 NGO 在推进可持续发展中的作用
——对日本环境 NGO 的案例分析

笔者最近参加了由国家环境保护总局[①]组织的"日本环境政策考察团",对日本的环境政策及推动可持续发展的实践等领域进行了多角度的考察。通过考察得到的感受是,遍布日本各地的环境非政府组织(Non-Governmental Organizations, NGO)在推进环境保护和可持续发展中起着非常重要的作用。

一 日本环境 NGO 的发展现状

(一)何谓环境 NGO

根据国际上研究 NGO 问题的权威,美国约翰-霍普金斯大学教授萨拉蒙的定义,NGO 一般具有如下七个属性:①组织性,指合法注册,有成文的章程、制度,有固定的组织形式和人员等;②民间性,又称非政府性,指不是政府及其附属机构,也不隶属于政府或受政府支配;③非营利性,指不以营利为目的,不进行利润分配;④自治性,指有独立的决策与行使能力,能够进行自我管理;⑤志愿性,指成员的参加和资源的集中不是强制性的,而是自愿和志愿性的;

[①] 2008 年 7 月,国家环境保护总局升格为环境保护部,2018 年 3 月 13 日,更名为生态环境部。

⑥非政治性，指不是政党组织，不参加竞选等政治活动；
⑦非宗教性，指不是宗教组织，不开展宗教活动。在具有上述七个属性的同时还以环境保护为目的开展活动的组织就是环境NGO。

(二) 日本环境 NGO 的总体概况

根据经济企划厅1997年进行的一项调查，当时日本除具有公益法人资格的团体之外，登记在册的 NGO 团体共有85786个。但据从事 NGO 有关研究的学者估计，未被统计在内的 NGO 团体数是被统计的数倍。另据1995年关于公益法人的一项调查，当年日本公益法人的数量为25927个。关于环境 NGO 的数量，日本环境协会曾于1994年底实施过一项调查，根据文献等有地址可查的环境 NGO 有9465个。同样有学者认为，在日本国内活动的环境 NGO 数量亦应数倍于此。考察团这次在新潟县得到了一本"新潟县环境 NGO 名簿"，新潟县环境 NGO 有284个。由于这本名簿相对较全，若以此为依据进行推算，日本全国的环境 NGO 数量当在15000个左右，大约平均每8000人口就有一个环境 NGO。日本环境协会的调查使我们对环境 NGO 的活动内容和活动区域有了进一步的了解。根据调查的结果，环境 NGO 的活动主要集中于自然保护、资源循环使用、美化环境、推广对环境友好的生活方式、开展环境教育等领域。也有部分环境 NGO 主要从事环境质量的监测、提出政策建议、开展国际合作等活动。从开展活动的区域范围来看，以一个市町村为其活动区域的占总体的69.7%，以一个都道府县为其活动区域的占总体的 27.4%，二者合计占到总体的 97.1%。另有少量环境 NGO 是以全国或是海外作为其活动区域。

二 案例分析：日本环境财团

日本环境财团是考察团的一个重点考察对象。虽然它的历史不长，但已经在许多方面卓有成效地开展了活动，是一个运作相当成功的环境 NGO。这个典型案例具体情况如下。

（一）沿革与概要

日本环境财团是 1998 年 4 月 15 日设立的公益法人，其理事长是高见裕一。一些关于 NGO 的事例研究表明，NGO 组织的建立和发展大都依赖于某一位精英式的人物，这个人物的能力和品质在很大程度上决定了该组织的生存空间和发展方向。日本环境财团的例子再次验证了这个结论。日本环境财团的前身"日本循环利用（recircle）运动市民之会"就是高见裕一 1977 年发起成立的，当时他还是一名在校的大学生。高见裕一出色的组织才能和思辨能力对日本环境财团的发展起着关键性的作用。在他的领导下，"日本循环利用运动市民之会"从最初的一所大学校园内的学生社团组织不断发展壮大，成为活动范围遍及日本全国的 NGO 组织，在此基础上设立的日本环境财团目前是一个拥有 18 名专职工作人员的公益法人。高见裕一本人立志从政，曾当选国会议员，目前仍在参加参议员的竞选。

（二）活动内容与方式

高见裕一对于 NGO 有着自己独到的见解。他认为，

NGO作为市民运动的一种形式,所开展的活动应当是具体而容易理解,能够得到公众的广泛参与和认可。他还认为,仅仅将NGO理解为志愿者活动、强调无偿奉献的观点是片面的,应当把NGO理解为发挥个人的主体性的社会参与。由于"没有财政的独立就不会有思想的独立和行动的自由",NGO应当谋求经济上的自立。基于这样的考虑,高见裕一在设计活动内容时把能够得到广泛的参与和容易获得成果作为优先考虑的两大原则。以下所介绍的日本环境财团的各项主要活动基本上都体现了这两条原则。

(1) 促进绿化和保护森林。造纸是木材的主要用途之一,减少造纸有利于减少对森林的砍伐,以此为出发点,日本环境财团致力于非木材纸的开发和普及事业。已经成功地开发出了以甘蔗榨糖后剩下的蔗渣为原料的纸张,实际的生产是委托生产厂家进行的,并已形成一定的生产规模。以非木材纸销售收入的1%建立了一个基金,用于支援国内外的绿化造林项目。基金总额目前已经超过5000万日元,支援了70多项绿化造林项目,其中包括他与日本沙漠绿化实践协会共同实施的六次到我国内蒙古库布齐沙漠的植树之旅项目。

(2) 宣传和普及环保意识。日本环境财团在宣传和普及环保意识方面开展了多方面的活动。例如,举办以环境保护为主体的讲演会和研讨会、培训社区环保活动积极分子和带头人、建立"二氧化碳减排俱乐部"等。特别是"二氧化碳减排俱乐部"的活动独具特色。具体做法是:在全国范围内募集自愿参加"二氧化碳减排俱乐部"的家庭作为俱乐部成员,并精心设计了"俱乐部成员日志"发给成员,要求成员填写日志并定期寄回给俱乐部事务局。日志中将日常生活中一些主要的直接或间接消耗能源的活动都给出了换算为二氧化碳排放量的指标,并提出了减少排放的建议。俱乐部成员通过每天纪录日志,可以促使自己自觉地转变生活方式,节约能源和资源,并对自己转变生活方式的成效做出定量的评价。该俱乐部目前已拥有3000名成员。

(3) 帮助基层地方政府建立资源循环利用系统。日本环境财团于1999年设立了一个循环系统研究所,几名专职研究人员重点围绕有机废弃物的循环再利用问题开展研究,并以研究成果为基础帮助一些市町村制定有机资源循环利用的行动计划,并在技术上进行支援(采用有偿服务的方式进行)。进入工业化社会以后,农村中以往自然形成的有机废弃物循环体系被切断,厨房垃圾和牲畜、家禽粪便等也被填埋或焚烧处理,既增加了处理成本,也增加了污染的产生和排放。有机资源循环利用系统对这些有机废弃物实行分类回收,在堆肥厂将其变成有机肥料,用于绿色农产品的生产。这样既降低了垃圾处理成本,又增加了农产品的附加值,还减少了污染排放,可谓是一举数得。目前该研究所已经在十几个市町村开展了这项工作。

(4) 促进企业采用对环境友好的生产方式。这方面的活动主要如下:一是接受政府的委托,开展调查和研究活动。例如,1999年曾接受环境厅的委托,对与普及环保型产品有关的问题开展了问卷调查和访问调查，了解消费者对生态标志的认知程度，探讨普及环保型产品的方式方法，研究促进消费者购买绿色产品的对策。二是重点开展普及生态型住宅的事业。他们于 1999 年设立了"生态住宅推进机构"，开展了生态住宅的宣传推广、生态型住宅的研究、生态住宅设计管理人才的培训、生态型建材和室内设备的宣传推广等项工作，并与住宅产业的相关财团共同组织了生态型住宅的设计竞赛。三是开展了转基因食品的检查和认证工作。他们于 1999 年 12 月设立了转基因食品检查评级机构，开展对转基因作物及食品的检查、评级和信息披露工作，并对符合要求的企业及其产品进行推介。

（5）为环境问题受害者提供服务。日本环境财团主要针对过敏性皮炎的患者开展咨询服务，这项工作从 1992 年就已经开始进行。过敏性皮炎的主要原因是生活中接触或摄入化学物质。日本环境财团围绕这一问题开展的活动内容包括：开设电话咨询热线、举办社区咨询员培训讲座、发行月刊《过敏性皮炎最前线》等。该月刊的发行份数目前已达到 2500 份。

（6）帮助环保科研机构及民间环保组织寻找资金支持。日本环境财团还通过其在社会上的影响力建立资金筹集渠道，为环保科研机构及民间环保组织提供资金支持。目前，已经建立了两个稳定的资金来源渠道。一个是公司和财团法人绿色地球保卫基金共同发起的"生态信用卡"事业，将 OMC 生态信用卡消费金额的 5‰作为地球环境保护基金，捐赠给全国 20 家环保科研机构和民间环保组织。另一个是与日本第二电信电话公司共同发起的"生态拨号"共同基金事业，凡使用"生态拨号"拨打的电话，话费的 1% 将进入基金并捐赠给民间环保组织。

（三）资金来源

资金是 NGO 开展活动的重要基础条件，能否有稳定的资金来源在很大程度上决定了一个 NGO 能否持续地开展活动和存在下去。高见裕一对此给予了足够的重视，为日本环境财团设计了多渠道的资金来源，从而能够在众多的领域开展积极的活动，并为财团的 18 名专职工作人员支付不低于社会平均工资水平的报酬。日本环境财团的资金来源包括以下几个渠道：①来自政府的项目经费。②财团所培育的环保产业的收益。③为社会提供有偿服务的收益，这些有偿服务的内容本身是与财团的宗旨相一致的，包括为环保产业提供商品开发、市场调查、基础调研等方面的咨询服务，大型环保活动的会务和运营管理服务，为过敏性皮炎患者提供信息和咨询服务等。④社会捐赠，包括企业捐赠和个人捐赠，企业捐赠占主要比重。这里需要顺便介绍的是，日本企业的捐赠行为比较普遍，主要有两个原因：一是税法上对企业利润中用于社会公益事业和团体捐赠部分作免税处理；二是自 20 世纪 80 年代以来企业普遍开始对企业形象、企业的社会义务等问题给予关注，形成了一种企业以积极为社会做出贡献为荣的氛围。例如，1990 年 11 月 "1% 俱乐部"正式成立，该俱乐部的法人会员承诺将总利润的 1% 以上、个人会员承诺将可支配收入的1%以上用于支援社会公益活动。该俱乐部1999年有法人会员281家、个人会员1336名。另据日本国税厅的税务统计，1996年日本企业的捐赠总额达4900亿日元，个人捐赠总额为269亿日元。⑤会员会费，会员分法人会员、个人会员和团体会员，法人会员的会费最低每年5万日元，个人会员和团体会员的会费最低每年1万日元，多交不限。

三 思考与借鉴

自改革开放以来，随着我国经济的发展和社会政治环境的改善，我国的民间组织也获得了长足的发展。特别是在确立了建立社会主义市场经济体制的经济体制改革方向和"小政府，大社会"的国家治理改革目标之后，为民间组织的发展提供了更广阔的空间。但就现状而言，民间组织在社会中所发挥的作用也还很有限。这些问题的解决，既需要我们在认识上的进一步深化，也需要在相关的制度建设上做出相应的努力。以下主要是在借鉴日本经验的基础上引发的思考。

（一）为草根型NGO创造更加宽松的发展环境

我国有些研究NGO的学者将我国的民间组织与政府的关系区分为自上而下型和自下而上型两大类。前者主要指那些由政府扶植成立并直接或间接受到政府各种特殊的资助、支持以及控制或支配的民间组织。后者主要指那些由民间人士自发成立并自主开展活动的民间组织。国际上的一些学者将前者称之为"GONGO"。笔者认为，将前者称为"官办型"，后者称为"草根型"可能更加简洁和准确，因为"上"与"下"之间的通达关系并未反映问题的本质。从现状看，我国目前民间组织的绝大多数都属于官办型，草根型则寥寥无几。这种状况是由我国特有的历史背景和体制造成的。用本文开头所介绍的关于 NGO 的通行定义对照，官办型民间组织一般在民间性、自治性和志愿性这三个属性上有很大的差异，很多这类组织都属于半官半民性质，不少组织的前身是纯粹的政府机构。

应当承认，官办型民间组织在我国的社会生活中发挥着重要的作用，很多过去由政府直接出面一手包办的事务现在都为官办型民间组织所接手。官办型民间组织的大量存在，是由高度集中的计划经济体制带来的"路径依赖"所决定的。随着我国政府职能转变的深化和机构改革的进展，仍将有大量的官办型民间组织涌现。不过，随着改革的继续深入，目前官办型民间组织普遍存在的政府色彩浓厚，在获取资源和确定活动目标方面对政府的高度依赖，缺乏主动性、创造性和进取精神，工作效率低等方面的问题，也将会得到不同程度的改善。

问题在于，目前草根型民间组织的生存空间过于狭窄，可以说仍处于禁锢的状态。一方面草根型民间组织在注册获取合法"身份"方面就面临一些障碍；另一方面为数不多的草根型民间组织在资源获取、社会认知、活动开展等方面困难重重。"太难了"是他们的一个普遍感受。仅以民间组织的登记程序为例，现行法规要求首先必须有业务主管单位审批，没有业务主管单位或未经批准，登记管理部门不予受理。现行条例还规定，在同一行政区域内不得成立业务范围相同或相似的民间组织。这些规定实际上极大地限制了草根型民间组织的建立。由于许多领域中都有官办型民间组织的存在，上述规定基本上堵死了在这些领域中建立草根型民间组织的可能性。应当指出，与官办型民间组织相比，草根型民间组织在动力与激励、效率等方面具有一定的优势。而且由于以下的原因，草根型民间组织的发展有其必然性和合理性。第一，以政府的能力和所掌握的资源并不足以充分应对日益复杂和多样化的社会问题和环境问题，而草根型民间组织的这种源于民众的自发努力可以成为政府的有益和有效的补充。第二，从社会心理学的角度来说，当人们对于安全、温饱等低层次的需求得到满足之后，就会转向对归属、自我价值实现和社会参与等高层次的需求的追求，草根型民间组织既是人们满足这种需求的一种方式，又具有公益性、利他性，因此，其发展应当受到鼓励和扶持。第三，国际经验表明，草根性民间组织在满足弱势群体的需求、解决社会问题方面具有政府与市场不可替代的作用，因为它们在创新性、灵活性和效率性方面，在与基层联系和了解基层实际情况方面都具有独特的优势。因此，政府应当对草根型民间组织持鼓励和扶持态度。当前尤其在登记管理程序方面急需做出改善，凡是符合非政治性、非宗教性、公益性原则的民间团体都应予以注册登记。废除具有垄断性和非竞争性特征的现行规定，同时尽快制定新的关于 NGO 方面的法律法规体系，一方面为草根性民间组织创造更加宽松的发展环境；另一方面也使政府部门在管理上有法可依。

（二）关于政府与 NGO 之间的关系

在西方国家中，有些时候 NGO 会采取一些与政府相对立的行动。在 NGO 发展的早期阶段也有不少 NGO 采取了与政府相对立的态度。这使一部分人在观念上产生了把"非政府"和"反政府"等同起来的误区，对于 NGO 抱有高度警惕的心理。

但是，实际上即使在西方国家，大多数 NGO 都采取了与政府相合作的态度，因为它们从实践中认识到，采取反政府的态度无益于公益目标的实现，正确的活动宗旨应是以补充、监督等方式与政府在公益目标上合作，在"政府失灵"和"市场失灵"的领域发挥作用。高见裕一在分析一些 NGO 失败的原因时指出：这些 NGO 将企业和行政当局作为敌对方面来对待，实际上是没有把握住问题的实质，仅把事物的表象作为运动的对象。这样反过来被社会当作反体制主义者，被认为是为经济发展制造障碍而受到孤立。应该把努力的目标放在改变社会的价值观，同时使民众感觉到对自身的利益有好处，只有这样才能够获得成功。现在许多发达国家都将 NGO 视为介于政府和企业之间的"第三部门"，许多国家甚至将政府预算中的一部分拿出来长期支持一些 NGO 从事社会公益事业和项目，以提高社会的整体福利水平。萨拉蒙教授在数年前主持的一项跨国调查研究表明，来自政府的资金是 NGO 第二位的资金来源。

　　我国政府一切行为目标都代表最广大人民群众的根本利益，因此与以公益和利他为目标的 NGO 之间更应该容易地建立起合作、协调和互补的关系。NGO 的优势在于，它在应对社会问题和环境问题时，既不必像政府那样，一般要等到立法工作完成以后才能采取行动，又不需要像企业那样只在具有营利性的领域开展活动，具有及时性、灵活性的特点。同时，由于它与基层的天然密切联系，在了解基层的需求和唤起基层对其活动目标的认知方面具有一定的优势。但它们在开展活动所需要的资源方面往往面临较大困难，获取有关政策信息和向政府有关部门反映情况、参与决策建议的渠道也不够通畅。今后政府主要应在为 NGO 开辟一定的资金支持渠道、决策咨询参与渠道和政务信息公开三个方面做出进一步的努力。

　　（三）非营利与开展有偿服务并不矛盾

　　从日本环境财团的例子中我们看到，在它的活动内容中有许多都是采取提供有偿服务的方式进行的，来自有偿服务的收入是支持自身运行的重要财源。在前述的萨拉蒙教授的研究中，有偿服务收费是 NGO 第一位的资金来源。这说明，NGO 的非营利性与其围绕活动宗旨开展有偿服务活动并不矛盾，相反，有偿服务的收入可以成为 NGO 重要的资金来源之一。高见裕一认为，在这方面主要的障碍来自一部分人观念上的误区。这些人在观念上片面地把 NGO 等同于"志愿者团体"，又把"志愿者"等同于"无偿奉献者"。实际上，NGO的实质是以个人为主体的社会参与，虽然非营利性是它的一个重要属性，但这并不妨碍它以有偿服务的方式开展部分活动，只要它不以营利为目的、不进行利润分配就不违反非营利性的原则。

1999年9月1日开始施行的《中华人民共和国公益事业捐赠法》以法律的形式明确了在我国要鼓励对包括NGO在内的社会公益事业的社会捐赠，促进社会公益事业的发展。这为NGO在获取来自社会的资金支持方面拓宽了渠道并使其有法可依。但是，特别是对于草根型民间组织而言，能否在活动内容中包括有偿服务尚无据可依。囿于观念上的限制，草根型民间组织目前基本上均未开展有偿服务，主要依靠来自国内外的捐赠和成员的无偿奉献开展活动。这种情况限制了NGO的活动领域、活动规模和活动的可持续性，不利于NGO的未来发展。建议在出台有关NGO的法律法规时，明确规定允许NGO开展符合其组织宗旨的、不以营利为目标的有偿服务活动，在制度上为NGO提高其在财政上的自立性创造条件。同时，健全和完善税务监督和社会审计制度、规定NGO接受税务监督和社会审计的义务，则是防止NGO脱离非营利性目标的必要制度准备。

（四）NGO对可持续发展的重要作用

近年来，包括日本在内的发达国家的环境NGO有较快的发展。一个重要的原因是，这些国家对环境问题的关注重点已从过去的公害问题转向全球环境问题。公害问题一般局限于某个特定区域，且加害者与受害者泾渭分明，这类问题适于政府和司法部门去解决。但全球环境问题没有明确的区域界限，受害者与加害者表里合一，人人都具有加害者和受害者的双重身份。因此，只有人人都关心环保、参与环保，才能使可持续发展战略得到有效的实施。为达到这一目的，仅靠政府的努力是不够的，许多方面的工作是政府和司法部门力所不及的。正因为如此，环境NGO 具有较大的发展空间，并且发挥着越来越重要的作用。

在我国，也应当有意识地使环境 NGO 成为政府环保工作的必要补充和推进可持续发展战略实施的重要力量。一方面，我国环境污染和生态破坏的形势相当严峻，需要政府将工作重点放在解决那些大范围内普遍存在的环境问题；另一方面，对于暂时无法用统一标准去规范解决，又影响群众切身利益的问题，以及在宣传环保意识、普及符合可持续发展的生活和生产方式方面，环保 NGO 可以发挥重要的作用。政府应从建立必要的制度基础、给予适当的资金支持和舆论支持等方面鼓励和扶持环境 NGO 的发展。

回顾与点评

本文撰写于 2002 年春，是赴日本考察之后的有感而发。后刊发于《中国人口·资源与环境》2002 年第 2 期。15 年后，活跃在河南省的环境 NGO "绿色中原"在其公众号上转载了这篇文章，并加了编者按。其中写道："2002 年国内环境 NGO 组织尚处于起步阶段，15 年过去，经过艰难发展阶段的环境 NGO 组织渐渐走进公众视野,在环境治理中发挥着越来越重要的作用。以绿色中原为例,2003 年筹备,2005 年成立,业已进入第 12 个发展之年。而这篇成文于绿色中原成立之前的文章竟将我们后来的际遇及发展困境一一道明,让人由衷钦敬作者研究的超前性和科学性"。如今,距本文问世已经 18 年过去了,本文所指出的问题和提出的呼吁仍有价值。希望我国的 NGO 事业越来越好。

膜下滴灌农业节水技术引领农业生产方式重大变革

最近，国务院发展研究中心调研组就新疆生产建设兵团（以下简称"兵团"）农业节水问题进行了专题调研。通过调研我们认为，以膜下滴灌为代表的新型农业节水技术在我国已经基本成熟，其推广应用将带来节水节肥、增产增效、扩大可耕地面积、逆转沙漠化等多方面的重大效应，并将引领农业生产方式产生重大变革。

一　基本情况

兵团从1996年开始对膜下滴灌技术的应用进行试验示范。通过产学研相结合的持续技术创新，不仅大幅度降低了滴灌器材设备的成本，同时也使其更加适应当地的使用环境。自1999年开始向大田推广，到2012年底全兵团膜下滴灌面积已达到1170万亩，占灌溉面积的比重达到56.5%。兵团并依托其节水技术龙头企业新疆天业股份有限公司将膜下滴灌技术向全国扩散，截至2012年底全国应用膜下滴灌技术的耕地面积已达5000多万亩，遍及29个省级行政区，应用对象作物40多种。兵团还将膜下滴灌技术应用于沙漠和荒山的绿化，也收到了明显的成效。

二　实践效果

兵团十几年来应用膜下滴灌技术的实践充分证明，与传统灌溉方式相比，膜下滴灌技术的应用能够产生多方面的重大效应，并正在引发农业生产方式的重大变革。

（一）节约水资源

综合兵团各方面提供的数据，使用膜下滴灌技术对于不同农作物均可收到显著的节水效果，平均节约用水量在40%以上。相比传统灌溉方式节水最多的作物是水稻，节水达到60%以上。花生、葡萄、马铃薯、线辣椒等作物节水均在50%左右。广西引进滴灌技术用于甘蔗种植，示范项目显示节水在60%左右。

（二）增产增收

兵团将膜下滴灌技术应用于多种农作物，均收到了显著的增产增收效应。例如，棉花亩产提高约25%，亩均增收在370元以上；春小麦亩产提高约71%，亩均增收在430元以上；玉米亩产提高43%，亩均增收240元以上。虽然滴灌系统的一次性投入需要每亩300~400元，年运行费用大约每亩80~120元，但增产带来的增收足以覆盖投入成本而有余，从而使大面积推广成为可能。

（三）节肥环保

由于滴灌技术采用随水施肥，大幅度地提高了肥料利用率（氮肥利用率提高30%以上，磷肥利用率提高18%以上），这样不仅可以降低化肥用量节约成本，更可以有效减少肥料对土壤和水体环境的污染,生态效益明显。

(1) 提高土地使用率。由于滴灌技术采用管道输水,田间无须修建各种渠道及田埂,土地利用率可提高5%~7%。

(2) 成为发展现代农业的技术平台。兵团以膜下滴灌技术的应用为平台,将节水灌溉、施肥、施药、栽培、管理等一系列精准农业措施融为一体,提升了农业整体技术水平,减轻了劳动强度,大大提高了农业劳动生产率,实现了农业生产方式的大变革。"工业化的农业"已经逐渐成为现实。

三 展望与建议

由于膜下滴灌技术的应用可以带来上述的多方面重大效应,其大面积推广的前景是可以乐观预期的。例如,辽宁省从2011年开始,计划用5年时间建设1000万亩滴灌农业节水工程。黑龙江省从2004年在大庆市以1万亩38种作物起步推广膜下滴灌技术,目前在全省使用已经超过100万亩。而一旦这项技术在全国大面积推广,将会带来以下几方面的重大影响。

一是有效缓解我国水资源的紧张状况。水资源短缺是我国重要的基本国情之一,人均水资源量只有世界平均水平的1/4。而在我国目前的水资源利用结构中,农业用水所占比重仍在60%以上。由于使用膜下滴灌技术可以达到平均节约用水量40%左右的效果,如果未来这一技术得到全面推广应用，总体而言有望实现节约水资源用量20%左右的效果，其重要性不言自明。

二是有效提高我国粮食安全的保障程度。由于使用膜下滴灌技术可以明显提高农作物的产量，该项技术的大规模应用将显著地提高我国的粮食总产，从而提高我国粮食的自给水平。

三是为缓解耕地资源短缺提供了巨大可能。不仅使用膜下滴灌技术本身可以提高耕地使用率5%~7%，我们在新疆天业股份有限公司的天业农业研究所还看到，就在完全取自沙漠的沙土之上，使用膜下滴灌技术的作物同样长势良好。这意味着，有了膜下滴灌技术的支撑，将耕作空间向沙漠推进具有很大的现实性。

四是有效减少农业面源污染。传统耕作技术之下的过量施肥用药，是造成农业面源污染的主要原因。膜下滴灌技术可以做到按需适量施肥，同时由于减少了作物病害的发生可以减少农药的使用，其大规模推广将使农业面源污染问题得到大大缓解，对保护生态环境意义重大。另外，该技术应用于水稻种植可以显著减少甲烷气体排放，对于全球气候变暖问题而言其正面效应也不容忽视。

五是减少农业领域的劳动力需求。由于膜下滴灌技术意味着机械化、自动化水平的大大提高，并正在向智能化的方向发展，其大规模推广应用将进一步减少农业领域的劳动力需求，促进农业劳动力向第二、第三产业转移，从而促进城镇化的发展。另外，该技术的应用大大降低了农业的劳动强度,同时需要更多有知识、懂技术的人才,将促进未来农业劳动力的人才结构发生改变。

鉴于膜下滴灌技术的应用具有已被证实和可以预期的多方面重大效应,我们建议:将推广膜下滴灌农业节水技术作为国家层面的一项重大战略措施,建立由国家发展和改革委员会、财政部、科学技术部、农业部、环境保护部、人民银行等相关部门协同推进的工作机制,加快该项技术的大规模推广应用。同时,对其可能带来的一些更加深远的影响及早部署研究,内容可能涉及:国家的生产力空间布局规划、水资源利用战略、土地资源利用战略、粮食安全战略等。

回顾与点评

本文撰写于2013年9月,系与同事周宏春研究员合作完成。其缘起,是接受单位领导指派,赴新疆生产建设兵团对农业节水问题进行调研,于是对膜下滴灌农业节水技术有了一定的了解,并感到其推广应用的价值巨大,于是便有了此文。近年来,"第四次工业革命"对经济社会的深刻而巨大的影响愈发凸显,我对此也给予了更多的关注。

应积极防范产业转移带来污染转移

在我国地区间经济发展差距巨大、客观上存在明显的发展梯度的大背景下,近年来出现了东部沿海地区一些相对低端的产业向中西部地区转移的趋势。令人忧虑的是,这种产业转移往往会带来污染的转移,蕴含着较大的生态和环境风险,必须引起高度关注。

一 产业转移背景下的污染转移已经显现

近年来,珠江三角洲、长江三角洲等发达地区由于土地、劳动力等要素成本的上升,以及本地居民对环境质量要求的提升,开始主动对产业结构进行调整,提出"腾笼换鸟"等结构调整思路,提高了产业进入门槛,希望那些技术水平低、污染排放水平高的低端制造业转移出去,把发展空间留给高新技术产业、战略性新兴产业等高端产业。在此过程中,中西部地区承接了大量来自东部地区的产业转移。据相关报道,2010年左右,西部地区承接东部地区企业转移数量超过20万家,承接产业投资总额超过2.2万亿元。[①]
2005~2010年,西部地区接近50%的转入产业为污染密集型产业,"污染西移"现象逐渐显现。例如,西部地区自

[①] 严冰、陈雯婷、蒋梦惟:《西部渐成产业转移聚集地》,《人民日报海外版》2010年8月18日(01)。

2005年以后,二氧化硫排放量增长率始终高于全国平均水平。其中,作为西部承接产业转移量居前的成都和重庆,2008年分别成为工业废水和工业烟尘排放最多的城市。[①] 又如,在以承接东部地区的产业转移为目的而设立的"皖江城市带承接产业转移示范区",转移来的产业中纺织、化工、冶金、建材、机械和农产品加工等污染密集型产业占很大比重,项目数比例接近一半,合同金额在40%以上。[②] 在2010年底环境保护部组织的环境保护工作执法检查中,查出了数十家存在严重环境违法的企业[③];在2011年7月安徽省环境保护厅(现为生态环境厅)开展的第二季度环保专项行动检查中,更是查出了上百家存在环境违法行为的企业,违法率达到40%以上。[④] 另外,2012年初发生的数起重大化工污染事故,主要出现在中西部地区。[⑤] 总之,伴随着产业向中西部地区的转移,中西部地区的环境形势日益严峻已是不争的事实,迫切需要采取有效的应对之策。

---

① 倪志凌、谢金静:《产业转移背景下对西部大开发的反思:基于生态环境的视角》,《科学经济社会》2008年第3期。
② 朱高英:《产业转移中的污染转移问题研究》,中国海洋大学硕士学位论文,2012。
③ 《数家企业违法 环保部挂牌督办10起重金属排放案》,http://www.china.com.cn/news/env/2010－11/17/content_21365098.htm [2013－06－25]。
④ 《安徽省公布2011年第二季度环保专项行动检查结果》,http://www.gov.cn/jrzg/2011－07/08/content_1902196.htm [2013－06－25]。
⑤ 《化工项目事故频发引反思:要投资还是要环境》,https://news.qq.com/a/20120302/000540.htm [2013－06－25]。

二 已有的防范对策为何效果不彰

应当说,中央及有关部门对于产业转移可能带来污染转移的风险早有预见,并做出了不少努力加以防范。在西部大开发启动伊始的 2000 年,国家环境保护总局和国家经济贸易委员会就联合发布了《关于禁止向西部地区转移污染的紧急通知》。2010 年,国务院出台了《国务院关于中西部地区承接产业转移的指导意见》,在基本原则中规定了严禁污染产业和落后生产能力转入中西部地区。但是,文件中的"严禁"和"禁止"并未能有效地遏止污染的转移,其背后的体制机制性原因值得深究。

欠发达地区具有更加强烈的经济增长冲动,环境保护意识相对淡漠。对于经济相对落后的中西部地区而言,在吸引企业投资方面一直难以同东部发达地区竞争,在偏重于经济增长指标的政绩考核体系和以生产型增值税为主的税收体制下,对于企业投资往往存在来者不拒、"捡到篮子都是菜"的心态,有意放松环保方面的要求。例如,2007 年因太湖蓝藻引发供水危机,江苏省无锡市决定铁腕治污,在两年内关闭数家小型化工企业,消息一传出,大批招商引资团队从中西部地区赶来,争相吸引被关停的企业。

现行体制下的环境监管难以落到实处。在现行体制下,地方环境保护局的局长是由其属地的地方政府任命,在进行执法监督、履行监管职责时不得不遵照地方领导的意愿,导致环境监管形同虚设,甚至环境保护局本身有时也被硬性压上了招商引资的任务。一个典型的例子是，导致安徽省怀宁县血铅事件的某蓄电池生产企业，竟然就是由该县环保局亲自引进的。为了完成县里分解来的招商引资任务，县环境保护局引进了未达到环评要求的污染企业，并有意放松监管，放任其生产和污染，最终酿成悲剧。①

欠发达地区的环保执法能力不足。主要由于财政上的困难，一些欠发达地区的环保执法部门既无正式编制也无经费保障，主要依靠从污染企业那里收取的排污费维持运转。这种监管者依赖被监管者生存的共生关系必然导致监管目标的异化和监管内容的流于形式。同时，经费的匮乏也使环保执法部门缺乏必要的环境监测和监管手段，即使想要认真履行职责也是有心无力。

三 对策建议

（一）进一步完善政绩考核体系

在现行干部选拔制度之下，政绩考核体系对于地方政府的行为方式具有强大的导向作用。应顺应政府职能转变的大方向，逐步取消政绩考核体系中的经济增长指标，代之以反映公共服务、社会管理、市场监管、生态环境保护等领域绩效的指标。将居民的满意度纳入政绩考核体系，也是完善政绩考核体系的一个重要方向，随着居民对环境质量要求的不

---

① 《安徽省怀宁县高河镇儿童"血铅超标事件"追踪》，http://www.gov.cn/jrzg/2011 - 01/07/content_ 1780270. htm ［2013 - 06 - 25］。

断提高，环境质量的优劣必将对居民的满意度产生更大的影响。

（二）进一步强化中西部地区的环境监管

应采取切实措施，将迄今为止更多地停留在原则性要求的、关于中西部地区承接产业转移中的环境监管相关规定落到实处。强化区域环境质量的目标责任制，地方政府一把手和党政领导班子对辖区的环境质量负责，如果达不到环境保护目标必须接受相应的问责。发挥区域性环境监察中心的作用，加大信息披露和执法力度。中西部地区的环保部门要切实履行监管责任，严把准入关，防止资源利用效率低、污染严重、技术落后的工业项目的进入。要明确环保队伍的编制和职能，保障其运行经费，提高其环境监管和环保执法的能力。

（三）完善环境经济政策，减少产业转移的污染隐患

一方面，应运用经济政策，引导转移进来的企业将污染控制、节能减排降耗贯穿于生产经营的全过程，提升工艺技术水平和污染治理水平，避免没有技术升级的落后生产线简单"搬家"；另一方面，也应努力改善投资硬软环境，尽可能吸引更多的资源消耗低、污染排放少、附加价值高的产业转移。同时，还应完善生态补偿机制，促进区域基本公共服务均等化，使西部"禁止开发区"或"限制开发区"内的群众能够从生态环境保护中获益并逐步走上共同富裕之路。

（四）强化环境保护领域的公众监督机制

近年来，随着公众对于生活环境质量重视程度的不断提

高，以及新型信息传播技术的普及，公众对环境问题的关注程度和对环境治理的要求空前提高。相关研究表明，公众环境关注度的提高能够有效地推动地方政府对环境问题的关注，从而推动对环境污染的治理。这与发达国家的历史经验也是吻合的。应通过环境信息的公开，以及提供更为通畅的公民利益表达渠道，促进环境保护领域公众监督机制更加有效地发挥作用。

回顾与点评

　　本文撰写于 2013 年夏，也是与周宏春研究员合作完成。刊发于国务院发展研究中心调查研究报告《择要》2013 年第 92 期，是一份标准的"三段论"式——即首先提出问题、然后分析问题成因、最后提出对策建议的政策咨询研究报告。本文发表后，反响较好，某省在针对政策咨询研究人员的培训中，即将本文中的原因分析和对策建议部分引为范例。说明本文的共识性。

应高度重视石棉引起的健康风险

自20世纪60年代以来，科学研究逐步证实，在石棉的开采、加工和利用过程中，会给接触者造成巨大的健康风险。因此，发达国家自80年代以来相继宣布全面禁止石棉的使用。我国目前是全球最大的石棉消费国，且在生产和使用中的健康风险防范多有疏漏，蕴含着巨大的公害隐患，亟须引起高度重视。

一　石棉及其造成的健康危害

石棉是天然的纤维状的硅酸盐类矿物质的总称。由于石棉具有高度耐火性、电绝缘性和绝热性，是重要的防火、绝缘和保温材料，被广泛用于建筑、汽车、机械、能源、化工等领域。我国石棉的消费以水泥制品的消费量为最大，占总消费量的70%~80%；其次是摩擦材料占8%~12%；密封材料占6%~8%；纺织制品及其他用途约占9%。

大致从距今100年前开始，石棉纤维对人体造成的健康危害逐渐被人们所认知。1964年，纽约科学院专门就石棉的生物学影响问题召开了国际会议，标志着石棉致害人体的机理已大致明晰。研究表明，与石棉相关的疾病在石棉开采、加工和使用石棉材料的各行各业中是普遍存在的。石棉纤维可以分裂成极细的元纤维，元纤维的直径一般为0.5μm，长度在5μm以下，在大气和水中能悬浮数周、数月之久，持续地造成污染。长期吸入一定量的石棉纤维或元纤维能引起石棉肺、肺癌、胸膜间皮瘤、腹膜间皮瘤和胃肠癌等。石棉已被国际癌症研究中心认定为一级致癌物。

由于从石棉纤维进入人体到导致发病一般要经过15年以上的潜伏期，造成石棉相关疾病很难被早期发现，在发达国家已经造成了严重的后果。在德国，1980～2003年，石棉相关职业病造成了1.2万人死亡。在法国，每年因石棉致死达2000人左右。在美国，1990～1999年报告了近2万个石棉沉着病例，截至2010年，与石棉伤害有关的赔偿案已经达到60万件，而且据估计此数字将迅速增长，因为在1940～1979年，美国有2700万人曾经暴露在石棉污染的环境中。国际劳工组织的数据表明，每年全世界至少有10万人死于石棉引起的疾病。

在石棉对人类健康的危害得到国际上的公认之后，从20世纪80年代起，首先是北欧国家，随后是其他欧美发达国家相继宣布禁止使用石棉，目前全球已有50个国家加入到这一行列之中。

二　我国存在出现石棉公害的巨大风险

我国虽然已于2002年7月开始禁止开采和使用对人体健康危害特别巨大的角闪石类石棉，但对于占地球石棉蕴藏量绝大多数的蛇纹石类石棉（温石棉）仍在继续开采和使用。由于开采和使用量的巨大，再加上防范措施的薄弱，从发达国家的前车之鉴可以推测，在我国存在着出现石棉公害的巨大风险。

巨大的开采和使用量。我国已探明温石棉储量9600多万吨，居世界第三位；年产量约40万吨，居世界第二位；年消费量超过70万吨，居世界首位（超过第二名印度一倍以上），并呈现不断增长趋势。从产地分布看，主要产地为新疆巴音郭楞自治州、青海茫崖矿区、甘肃阿克塞县，分布大小石棉矿山企业20多家，产量占全国温石棉产量90%以上。作为全球最大的消费国和第二大生产国，仅此一点就意味着不言而喻的风险。

极其薄弱的风险防范。国家安全监管总局职业健康司曾于2010年组织了对石棉矿山企业和石棉制品企业的职业危害状况调查及现场检测调研，其结果令人心焦。根据现场粉尘检测情况，9家石棉矿山企业石棉粉尘全部超标，最大超标倍数达110.3倍；15家石棉制品企业中有13家超标，最大超标倍数7.9倍。多数石棉企业对石棉粉尘危害认识不足，甚至一些企业负责人从自身利益出发，宣称温石棉没有危害，致使大多数石棉粉尘危害作业人员普遍缺乏自我保护意识。多数企业生产条件简陋，缺乏必要的职业危害防护设施，也未为劳动者提供符合要求的防护用品。现场调研的24家企业仅有1家为员工提供了符合要求的防尘口罩。

公害风险已经显露。由于石棉引发健康危害的潜伏期长、缺乏有针对性的流行病学调查、石棉矿山地处偏远等多方面的因素，石棉引发健康危害的问题在我国远未得到应有的关注。但仅就少量现有的调查结果已不难推断，在我国出现石棉公害问题已是大概率事件。

首先看一个个案。新疆巴音郭楞自治州石棉矿2009年组织了该矿近十年来的第一次体检，共体检在岗职工547人，其中粉尘作业岗位职工260人，共查出职业病患者91人，粉尘作业岗位职工职业病发病率达34%。

再看一组面上数据。根据前述国家安监总局的调查，各地上报石棉矿山企业25家，涉及在岗职工4750人，其中接尘职工2932人，接尘率高达61.7%，产量合计29.5万吨，占2008年我国温石棉产量的71.4%。按71.4%的产量比例估算，我国石棉矿山企业在岗职工约6650人，接尘职工约4100人。各地上报石棉制品企业232家，涉及在岗职工6768人，其中接尘职工1488人，接尘率为22.0%，用量合计5.2万吨，占2008年我国温石棉用量的8.7%。按8.7%的用量比例估算，我国石棉制品企业在岗职工约77800人，接尘职工约17100人。二者合计接尘职工在21000人以上。

考虑到石棉的高致病性、较长的潜伏期、极其薄弱的生产现场防护等因素，接尘职工中的大多数恐将成为石棉引发疾病的患者。另外，在石棉制品的运输、利用和拆解过程中，都将有石棉粉尘产生，而发达国家的历史教训表明，即使是较小剂量的石棉粉尘暴露，也存在着带来健康危害的风险。鉴于我国量大面广的石棉制品使用，这种潜在风险也不容忽视。

三 对策建议

（1）紧急改善对接尘岗位职工的防护。建议成立由安全生产、卫生、环保等部门联合组成的检查督导组,对全部石棉矿山企业和重点石棉制品企业逐一检查督导,限期整改,确保为接尘岗位职工提供合格的防护措施。还要对接尘岗位职工进行定期体检,建立有针对性的预防和排查机制。

(2)提升全社会对石棉引发健康危害的认识水平。科学认知是有效的主动防护的基础。应就石棉对人体健康危害问题开展专项科普宣传活动,使石棉相关行业从业者及一般公众都能具备基本知识,增强自我防护意识和能力。

(3)尽快将全面禁止使用石棉提上议事日程。所有曾经在20世纪下半叶广泛使用石棉的工业化国家,后来都为此付出了高昂的代价,有的国家甚至导致其职业病赔偿制度陷入了财政困难。在我国,预计未来相关的赔偿和救济支出高峰时期将与人口深度老龄化、社会抚养比高、国家财政能力下降的时期相重合,因此对石棉禁用问题继续拖延而导致问题的更多积累是不明智的。建议责成国家相关部委开展专题研究,提出一揽子解决方案,力争在"十三五"规划期内实现石棉的全面禁用。

回顾与点评

本文撰写于2015年初夏,刊发于国务院发展研究中心调查研究报告《择要》2015年第75号(作者:林家彬、张亮)。我对此问题的关注,始于与日本著名环境经济学家宫本宪一教授的交流。宫本宪一教授在其巨著《日本战后公害史论》（由我组织翻译并审校的中文版已由商务印书馆于 2020 年 6 月出版发行）中对石棉公害问题用了一节作专门论述，并表达了对中国石棉公害的极大担忧。他还向我提供了他领导的团队对石棉公害问题开展研究所形成的一些成果。以此为契机，我对中国的石棉生产和使用做了些了解，发现问题的确十分严重，于是下决心撰写此文。

由于此文未曾公开发表，因此未能引起有关方面的关注就无法发挥作用。如今将其收入本书，衷心祈愿宫本先生与我的担忧不过是杞忧而已。

多元共治视角下的国家公园管理
——法国国家公园管理体制考察报告

最近，我参加中国科学院组织的"法国国家公园体制科学考察团"，赴法国进行了为期两周的考察和交流。通过听取情况介绍和进行实地考察，对法国在国家公园管理中通过多元共治、实现多方共赢的做法留下了深刻印象。现将相关情况梳理总结如下。

一 大区公园的先行实践

大区公园是法国一项重要的国土资源管理制度工具，设立在生态系统比较脆弱和敏感且有社区分布的地区，其目标是实现自然生态保护与社区发展的平衡，对于追求发展与保护兼顾、人与自然和谐共生发挥着重要的作用。首个大区公园建于1967年，迄今已有50年历史。目前法国全国共有51个大区公园，总面积占全国国土面积的15%，覆盖全国75个省、4300多个市镇，人口逾400万。法国超过一半的自然保护区都坐落在大区公园内，同时包含了法国2/3的人与生物圈保护地。

大区公园的管理运行机制较好地体现了多方参与、共同治理、实现共赢的理念，具体可从其治理机制和公园"宪章"两个方面加以考察。

大区公园的治理机制。大区公园的建立过程是自下而上的。首先由市镇提出建立大区公园的动议，得到大区的认可之后由大区负责筹建，由国家颁布的法令来进行最终确认。大区公园的最高决策机构是区域内的各级地方政府联合会（由大区、省和市镇代表组成）。联合会每年召开3~4次会议，主要负责规划和预算审议批准等重大事项。公园的日常事务决策机构是联合会选举产生的董事会。董事会成员以公园区域内的市镇长的代表为主，其他成员包括市镇联合体的代表、农牧场主代表、省政府和大区政府代表，以及中央部门（环境保护部，现已更名为生态转型部）的代表。以我们实地考察对象的孚日大区公园为例，其董事会由61人组成，但其中有22人（8个各类行业协会代表，8个民间组织代表，3个大区政府经济环境委员会的代表，1个国家林业局的代表，1个私有林所有者代表，1个狩猎者代表）只有发言权而无表决权，有表决权者主要是身为市镇长的代表。董事会的成员每15年进行一次调整。大区公园并设有专家委员会（成员均为学者，并不领取报酬），董事会的决策中凡是涉及生态环保等专业性的问题均要经过专家委员会的审议。

大区公园的运行管理执行机构是其管理委员会。以孚日大区公园为例，其总面积为3000平方公里，而管理委员会工作人员只有45人。管理委员会的工作内容主要包括：区域内的环境监管，协调由市镇提出的相关项目并提供资金与技术支持。大区公园的经费由地方各级政府负担。

从上述大区公园的决策和运行机制来看，比较好地体现了基层自治和多元共治的理念。中央政府对大区公园的管控主要是通过每个大区公园均必须制定的"宪章"实现的。

大区公园宪章。大区公园宪章是大区公园区域内所有机构和居民都必须遵守的共同纲领，在法律层级上高于所在地地方政府所制定的地方性法规。也就是说，所在地的各种地方性法规都必须与大区公园宪章相协调，大区公园设立前最重要的准备工作就是起草宪章的草案。大区公园的设立须经环境保护部的批复，而环境保护部批复的主要依据就是专家委员会对宪章草案的评估结论。因此，宪章的起草是一项极其重要和严肃的工作，一般要经过一年半左右的前期调研。宪章的内容必须涵盖以下四个方面：一是关于生态多样性保护的方针和举措；二是关于城市规划的原则和方针；三是关于经济发展的方针和构想；四是关于增强居民认同感的方针和举措。在大区公园正式挂牌成立之后，大区公园的董事会和管理委员会各自都要相应设立四个委员会负责这四个领域的事务。

大区公园宪章每隔15年进行一次修订，以适应各方面情况的变化。在宪章修订工作开始之前，环境保护部会聘请专家对宪章的实施情况进行总结评估，并依此进行严格的审核。如果审核未能通过，大区公园（包括区域内的相关市镇）须进行整改，若三年内整改仍未达标，大区公园将被摘牌。不过，在大区公园长达半个世纪的发展历程中，从未出现过这样的事例。

根据孚日大区公园管理委员会主席的介绍，该公园宪章主要注重了三组关系的协调：一是人与环境，二是现在与未来，三是个人与集体。宪章提出的重要目标之一，是提高公园的吸引力。

二 国家公园对大区公园经验的借鉴

从20世纪60年代开始，法国陆续建立了10个国家公园，其中7个在法国本土，3个在海外省。本土的7个国家公园总面积约5.4万平方公里，覆盖400多个市镇，总人口逾50万人。与大区公园相比，国家公园单个的面积更大、人口密度较低、生态系统的代表性与保护的重要性更强；国家公园由中央政府建立和管理，大区公园由地方政府建立和管理。

到2006年法国对国家公园管理体制进行改革之前，国家公园与大区公园在使命和治理方式上有较大的不同。国家公园的使命是单一的，只关注自然生态系统的保护；而大区公园的使命则相对多元，包括保护农村传统的自然景观、生产方式和文化遗产，维持农村的经济活力，解决农村人口流失和空心化问题，实际上把当地居民的安居乐业和社区发展放在了更加重要的位置。在治理方式上，大区公园采取的是如前所述的融入了多元共治理念的治理模式，由地方政府主导，各利益相关方均在治理中有发言权，从而可以发挥一定的作用。而国家公园由中央政府直接派一名官员担任管理委员会主任，管理委员会工作人员也由于在选拔上过于强调专业性而导致当地居民很少能够被聘用。

国家公园过去这种中央集权的治理模式在治理绩效上显现出了与大区公园之间的差距。大区公园与园内市镇关系融洽，成为区域内协调生态环境保护与市镇经济社会发展的重要平台。而在一些国家公园（如首家成立的瓦娜色国家公园），公园管理方与公园内的市镇关系隔膜，尤其在市镇所推进的旅游资源的开发利用（如滑雪场及索道建设）方面存在激烈的矛盾，导致国家公园的管理目标也因得不到市镇及居民的认可和配合而无法实现。

面对这样的现实，法国于2006年制定了《关于国家公园、海洋自然公园及大区自然公园的法案》，用来替代1960年颁布的《国家公园法》。新法案充分吸收了大区公园的成功经验，对国家公园的治理架构和治理机制做出了全新的设计。

一是通过核心区和加盟区的划分为地方政府参与国家公园的治理提供了空间。根据该法案的规定，"国家公园包括一个或多个核心区和一个加盟区域。核心区是需保护的陆地和海洋空间。加盟区包括市镇的整体或部分区域，因地理上的延续性或与核心区的紧密联系而自愿加入国家公园，同意国家公园的章程并自愿促进其保护"。这样的规定为国家公园处理核心区生态保护与周边市镇经济发展之间的关系协调、为中央政府和地方政府合理划分事权和开展协作，确定了较为明确的地理边界和框架基础。

二是做出了体现多元共治理念的制度设计。该法对于国家公园的决策机构——管理委员会的董事会的成员构成，做出了明确的规定。根据该法，相关大区议会主席、省议会主席或他们的代表、市镇面积占公园核心区超过10%的市长或镇长是董事会的当然成员。环保组织、土地所有者、居民、开发商、专业人士等各利益相关方的代表均有机会被选任为董事会成员。这些当然成员和被选任的成员至少占董事会一半的席位。在我们所考察的埃克兰国家公园，董事会共由50名成员组成，其中20名是当地政府及利益相关方的代表，15名地方选出的相关领域专家，10名中央政府部门代表，5名环境保护部指定的全国专家。也就是说，董事会的50名成员中35名来自地方，只有15名来自中央。这样，就从决策部门的成员构成上保障了多方参与的机制。另外，该国家公园的董事长是当地一个市镇的镇长，经济、社会、文化委员会的主席是当地一位担任农民协会主席的农民，管理委员会主任是环境保护部任命的一位曾在环境保护部担任副司长的官员，对于体现国家公园管理机构的构成和多元共治的特点也具有很直观的代表性。

三是为国家公园管理委员会与地方政府的协作关系提供了法律依据。该法明确规定："如果地方市镇部分或全部位于国家公园内，或有意愿成为其一部分，这些市镇或集体可以享受环境法规定的公园管理委员会的技术支持。""在公共市场法的框架内，管理委员会可以为地方政府和集体提供自然空间保护以及自然、文化、景观遗产治理的技术支持。""管理委员会可以为落实宪章的相关项目提供财政补贴。"鼓励国家公园对当地政府和社区提供资金和技术方面的支持，为国家公园与所在地方构建良好合作关系、实现生态环境保护与经济社会可持续发展的和谐共赢提供了良好的制度基础，也使帮助加盟区发展成为国家公园的使命之一。

另外，国家公园还借鉴大区公园的做法，每个国家公园都成立一个科学委员会和一个经济、社会、文化委员会。科学委员会的作用主要是对核心区的生态保护等管理事项提出意见，其成员是由董事会提名的生态等领域的科学家；经济、社会、文化委员会的作用主要是对加盟区的地区发展问题提出意见，其成员由加盟区的利益相关者代表组成。国家公园法规定，管理委员会可以依据科学委员会和经济、社会、文化委员会的意见做出决定，特别是针对核心区的决定可以事后再向董事会报告。这两个委员会的委员均为志愿者性质，并不领取报酬。

还应该强调的是，作为国家公园行动准则和最高阶法规的公园宪章，其制定过程是一个充分的利益博弈和协商的过程。以埃克兰国家公园为例，其宪章的起草过程中经历了上百场的意见征询、讨论和辩论等活动。据介绍，地方议员与中央部门参与讨论最为热心，实际上形成了中央与地方之间的多轮博弈。宪章草案完成后，首先会交由一个跨部门的协调小组进行审核，然后由最高法院审核宪章的合法性。

在埃克兰国家公园，先是于2012年确定了第一批加盟区，同时为尚未加入的市镇设立了为期三年的思考期。2015年确定了第二批加盟区（此后只有等到宪章每隔15年进行修订时才能调整加盟区成员）。在该国家公园所涉及的59

个市镇中，有 53 个市镇加入了加盟区，只有 6 个市镇没有加入。加入加盟区对于市镇而言首先意味着承认公园宪章并受其约束；而可以得到的好处主要有两个方面：一是市镇提出的、符合公园宪章理念的保护或建设项目可以得到来自国家公园的资金和技术支持；二是市镇出产的各类产品可以通过认证加入由国家公园联盟建立的国家公园品牌体系，这样对产品就起到了品质保障和品牌宣传的效应，对于产品打开销路和树立口碑有所助益。这样一种机制，既有利于国家公园治理目标的实现，也有利于当地社区的发展，体现了共同参与、合作共赢的治理理念。

三 几点启示

中央已经明确，在"十三五"期间要"建立国家公园体制、整合设立一批国家公园"，国家公园体制将成为我国生态文明建设的一项重要制度工具。在进行国家公园体制的制度设计时，对国际上的先行经验予以借鉴是必不可少的。从法国的国家公园体制实践探索中，以下几点对于我们具有突出的借鉴意义。

一是人与自然和谐共生的理念。法国的人口密度相对较高，国家公园内一般都有多个市镇等传统住区存在。法国在理念上把这种存在了数百上千年的传统人类住区视为自然生态系统的一部分，有意维持这些住区的传统农牧业生产方式，同时要求这些住区遵守公园宪章，不得任意扩大生产规模，以保持生态系统的稳定平衡。我国除青藏高原有部分无人区之外，大多数地区与法国的情况相似或者比法国的人口密度更高。因此，在未来的国家公园中，宜借鉴法国的做法，划出少量生态脆弱、保护价值高的区域作为核心区，禁止除科考之外的人类活动，而大部分的传统居民生活区域都应予以保留。与此同时，这些居民的生产生活方式与规模要符合国家公园的生态保护要求，国家公园也要通过旅游发展的带动等手段帮助当地居民提高生活水平。

二是多元共治、合作共赢的制度设计。法国国家公园在早期的中央政府一元化管理时期由于得不到地方政府和居民的支持而矛盾重重、效果不彰；在借鉴大区公园经验进行体制机制改革之后形成了多元治理、合作共赢的局面，其中的教训和经验值得我们认真汲取。虽然我国建立国家公园体制的总体方向是解决中央政府管得太少和投入太少的问题，但应避免、注重生态环境保护单一目标而忽视当地经济社会发展诉求的倾向。没有各利益相关方的共同参与，仅靠中央政府的独力推进，是无法实现国家公园的良好治理、实现生态环境保护与地方经济社会发展及居民生活水平提高共赢局面的。应从制度设计上给予国家公园各利益相关方以充分的意见表达权和合理的决策参与权。只有经过各方充分协商的决策才能得到充分的理解和执行。

三是民主参与、形成共识的程序正义。法国国家公园在2006年进行体制改革之后形成了一整套以法律为依据的治理程序，包括公园宪章的制定和批准程序，以董事会为决策层、以管理委员会为执行层的治理架构，主要体现在董事会成员构成的利益制衡机制，以科学委员会保障专家作用和以经济、社会、文化委员会反映地方各利益主体诉求的制度设计等。这种程序正义的保障，使得多方的民主参与不会流于形式，为各利益相关方通过充分的博弈和协商达成共识提供了良好的制度平台。在我国国家公园体制的建立过程中，也应充分借鉴法国的相关经验，并结合中国国情进行精细化的制度设计。

回顾与点评

本文撰写于 2017 年底，是国务院发展研究中心"调查研究报告"当年的第 193 号，也是我从国务院发展研究中心退休之前所撰写的最后一份调研报告。当年 9 月下旬，我参团到法国考察国家公园管理体制，到达巴黎的当天刚好是我国《建立国家公园体制总体方案》公布的日子。考察团成员中有好几位是参与了该方案制定的重量级专家。在此之前我对国家公园以及自然保护地体系等问题基本未曾涉猎，通过与这些专家的交流获益良多。

本文比较详尽地介绍了法国大区公园和国家公园的相关制度设计。由于法国的大区公园和国家公园内大都有传统住区存在，在需要引入多元共治理念、妥善处理好各利益相关方之间关系的视角上对于我国的国家公园制度设计具有重要的借鉴价值。

空间规划中的减灾问题研究

如何优化人口和经济的布局，降低自然灾害可能带来的损失，可以归结为空间规划中的减灾问题。优化人口和经济的布局是空间规划的任务之一，降低自然灾害可能带来的损失简而言之就是减灾。本文以下就围绕空间规划中的减灾问题展开探讨。

一 我国自然灾害的区域分异

了解自然灾害的区域分异，是在空间规划中考虑减灾问题的重要基础。我国自然灾害的地理分布可以粗略描述如下。总的来说，台风主要危害东部及东南沿海省份，具有明显季节性特征，并且通常带来强降雨。洪水主要发生在大江大河的汇水区之间，洪水泛滥的地区主要分布在黄河与长江之间。地震活动21世纪以来主要集中在西部和西南部。暴风雪和低温冰冻灾害在北方和西南地区较为常见，虽然强度一般较低但容易形成较大地理范围的累积灾害风险。

从20世纪90年代初开始，我国学术界开展了自然灾害区划的工作，以揭示我国自然灾害区域分布规律，先后有"中国自然灾害综合区划"、"中国农业自然灾害综合区划"和"中国城市自然灾害区划"等成果问世。由于人口和经济活动主要聚集于城市，从空间规划角度考虑减灾问题的重点也在城市，这里只介绍一项中国城市自然灾害区划的成果。①

这项成果将全国区划为 3 个一级区，15 个二级区和 22 个三级区，为城市灾害风险管理和中国自然灾害救助区划提供了依据。中国城市自然灾害二级区的分区特征见表 1。了解不同区域的自然灾害特征，对于制定城市的减灾规划也具有重要的指导意义。根据这项研究，我国 70% 以上的城市、50% 以上的人口分布在自然灾害严重的地区。

表 1　我国城市自然灾害区划方案分区特征

二级区域名称	主要城市灾害类型（按强度排序）
Ⅰ1 环渤海高度城市化灾区	洪水、地震、台风
Ⅰ2 苏北中度城市化灾区	台风、洪水、地震
Ⅰ3 长三角强烈城市化灾区	洪水、台风、地震
Ⅰ4 闽浙高度城市化灾区	台风、洪水、地震
Ⅰ5 珠三角强烈城市化灾区	洪水、台风、地震
Ⅰ6 雷琼高度城市化灾区	台风、洪水、地震
Ⅰ7 台湾岛高度城市化灾区	地震、台风、洪水
Ⅱ1 东北高度城市化灾区	洪水、沙尘暴、台风
Ⅱ2 华北中度城市化灾区	洪水、地震、沙尘暴
Ⅱ3 东南中高度城市化灾区	洪水、台风、滑坡
Ⅱ4 西南低中度城市化灾区	洪水、滑坡、地震
Ⅲ1 呼－包低度城市化灾区	沙尘暴、洪水、地震
Ⅲ2 河西走廊低度城市化灾区	沙尘暴、地震、洪水
Ⅲ3 天山北麓低度城市化灾区	地震、沙尘暴、洪水
Ⅲ4 西北－青藏弱度城市化灾区	地震、沙尘暴、洪水

---

① 王静爱、史培军、王瑛等：《中国城市自然灾害区划编制》，《自然灾害学报》2005 年第 14 期。

二 最近十年我国自然灾害直接经济损失灾因分析

根据统计数据，我国 2007～2016 年每年因自然灾害导致的直接经济损失如图 1 所示。

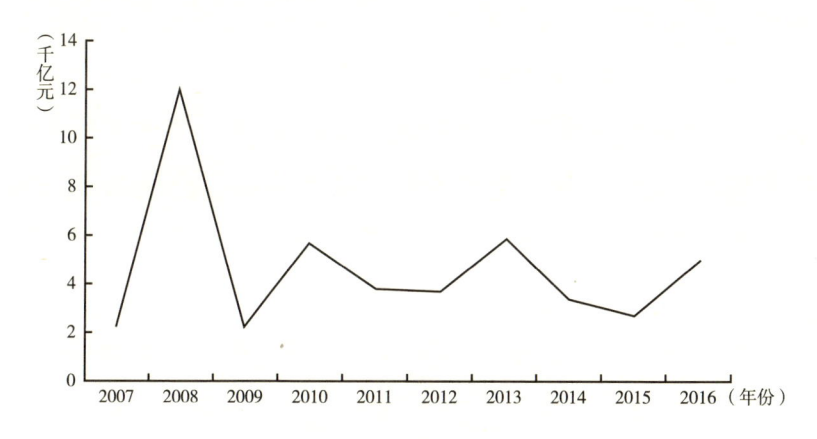

图 1 我国自然灾害直接经济损失

由图 3-1 可以看出，过去十年的直接经济损失数据出现了四个峰值，这些峰值是由于一些重大自然灾害事件造成的。

2008 年的尖峰主要是由于两次重大灾害事件，即四川汶川"5·12"大地震，以及西部和西南地区的暴雪和大面积的冰冻天气。2010 年干旱特别严重，造成了巨大的农业损失。2013 年主要是由于四川雅安地震，以及超级台风"菲特"，该台风席卷了我国东部海岸并带来短时间的巨量降水。2016 年则是洪水大灾年，特别是湘鄂两省长江中游地区洪涝灾害严重。短时间内的大量降水造成河流泛滥，在许多地区形成长时间的积水。

从这10年间的自然灾害直接经济损失的灾因比例来看,地震、干旱和暴雨(包括暴雨引起的洪水)各占24%左右,台风占12%,冰雪、霜冻、低温合计占8%,暴风、冰雹、闪电、龙卷风合计占7%。①

从自然灾害直接经济损失占GDP的比重看,在这10年中尽管GDP迅速增长,社会资产急剧增加,但除个别出现巨灾的年份(如2008年)外,总体上直接经济损失占GDP的比重呈下降趋势。这从一个侧面说明,这些年的防灾减灾工作是卓有成效的。

但也应注意到,最近五年与先前的五年相比,暴雨及其引起的洪灾造成了更大的经济损失。部分原因是,强烈的台风袭击了一些沿海城市,给城市的防洪抗灾能力带来了严峻的考验。伴随台风的暴雨造成的财产损失主要是城市地区的排水系统不畅和城市规划工作不足所致。城市规划工作没有跟上经济快速发展和城市化的步伐,这在三线城市表现尤为突出。

三 空间规划与减灾

关于空间规划,1997年出台的"欧洲空间规划制度概要"给出了如下的定义:空间规划是公共部门用于影响未

---

① 邱忠东:《中国自然灾害直接经济损失十年数据分析:未来要如何应对?》,http://media.genre.com/documents/pmint 1709 - 2 - cn. pdf [2018 - 03 - 15]。

来活动空间分布的手段，它的目的是创造出更合理的土地利用和功能关系，平衡保护环境和发展两个需求，以达成社会和经济发展的总目标。

空间规划依规划对象空间范围的不同而分为不同的层次。以全国作为规划对象的，一般称为全国国土规划［我国第一个全国国土规划纲要——全国国土规划纲要（2016～2030年）于2017年1月3日公布实施］，这是最高层级的空间规划；在全国国土规划之下可以有区域规划或省级国土规划（我国目前正在开展省级国土规划的编制工作）；我国开展历史最长且有明确法律依据的空间规划是城市规划，1989年《中华人民共和国城市规划法》就已问世，2008年被《中华人民共和国城乡规划法》所替代。另外，原国土资源部（自然资源部）系统组织编制的土地利用规划也是重要的空间规划，迄今为止已经编制过三轮。近年来，在地方层面整合各类空间规划的"多规合一"试点工作正在积极推进之中。

不论是哪个层级的空间规划，防灾减灾都是其不可或缺的内容。我国的"全国国土规划纲要"专设了"增强防灾减灾能力"一节，其中涉及完善灾害监测预警网络、加强重点区域灾害防治、提升灾害综合应对能力、构建国土生态安全屏障等方面的内容。1989年《中华人民共和国城市规划法》中明确规定："编制城市规划应当符合城市防火、防爆、抗震、防洪、防泥石流和治安、交通管理、人民防空建设等要求，在可能发生强烈地震和严重洪水灾害的地区，必须在规划中采取相应的抗震、防洪措施。" 2008年《中华人民共和国城乡规划法》则规定,"规划区范围、规划区内建设用地规模、基础设施和公共服务设施用地、水源地和水系、基本农田和绿化用地、环境保护、自然与历史文化遗产保护以及防灾减灾等内容,应当作为城市总体规划、镇总体规划的强制性内容。"

由于城市是人口和经济活动聚集之地,因此以城市减灾规划为核心的城市综合减灾对策是减缓各种灾害对城市的威胁、最大限度地降低自然灾害发生时所造成的生命及财产损失的关键。城市规划除将城市减灾规划的主要内容纳入其中,并使之与城市规划中的其他部分相协调之外,还要在城市用地的选择、城市结构的确定、城市用地布局、绿地等开敞空间布局及城市工程设施规划中充分体现城市减灾的思想,使城市不但在平时正常状态下有利生产、方便生活,而且在灾害发生等非常时刻和时期也能够成为人类抵御灾害的依托和屏障。

城市减灾规划通常按照可能发生灾害的种类,按照子系统分别进行规划,并通过对相互间的协调整合为城市综合减灾对策。针对自然灾害的减灾子系统规划一般包括城市防洪排涝规划、城市防震规划和城市防风灾规划。

城市防洪排涝规划包括根据城市的重要程度和经济发展水平选择并确定适当的城市防洪标准,建设包括水库、堤防、水闸、排水泵站等工程设施在内的防洪排涝设施,以及安排河道整治、上游水土保持,设置蓄洪、分洪地区等防洪措施。

城市防震抗震规划包括:按照《中国地震动参数区划图》,对不同种类的建筑确定相应的抗震标准;根据地质勘探的结果,划定不适于进行城市建设的地区;确定疏散场地及路线;确保水源、能源、通信等备用设施和重点设防工程可以抵御可预计的地震强度。城市规划要使城市建设用地避开地质条件复杂的地区。对于一旦发生地震容易造成较大危害的地区,如确实无法避开时,应采取相应的工程措施,减少地震发生时可能造成的危害。

城市防风灾规划除体现在临海城市需要构筑防波堤、避风港等抵御台风、高潮、大浪的工程设施外,还需要对城市中高层建筑密集的风险环境进行分析,并尽可能减少高层建筑物、构筑物对其周围地区的负面影响。

另外,城市生命线系统规划也是城市减灾规划的重要组成部分。所谓城市生命线系统是指维持市民生活必不可少的交通、供给和信息系统,即交通运输系统、给排水系统、能源供给系统、信息系统,合称"四大网络系统"。这些系统在平时城市正常运转中发挥着重要的作用,在灾害发生后的生存能力和畅通程度则在很大程度上决定了城市居民灾后的生存环境和自救能力。环路系统、冗余备用等经过合理规划的城市生命线系统不仅可以保障灾后市民的生存环境、缓解灾后所造成的危害、降低次生灾害和衍生灾害的危害程度,也可以为早期开展自救活动、迅速获得外部营救乃至早日开展灾后重建工作奠定宝贵的基础。

四 思考与建议

人口和经济的分布情况,对于自然灾害可能带来的损失的轻重程度有着直接的影响。在历史上，人们在选址时都会避开那些对自然灾害脆弱的地区。但随着工业化和城市化的发展，城市人口急剧增加，城市地区迅速扩大，人们开始逐渐进入之前无人居住也没有产业的地区。1981～2015年，我国设市城市的建设用地面积增长了6.44倍。这样的快速扩张也增加了对灾害的脆弱性，再加上气象条件的恶化，增大了防灾减灾工作的难度。

在全国范围的大尺度空间考虑人口和经济布局的优化，我们认为主要应关注四个方面的问题。一是对超大城市、特大城市的功能进行适当疏解，避免出现超过城市生态环境承载力的过度集聚。这样既有利于降低城市遭受自然灾害时的直接损失，也有利于减少自然灾害导致的次生灾害和衍生灾害。二是在实施乡村振兴战略时，要把维系村庄的完整住区功能作为重要的思考维度。只有具备完整住区功能的村庄才能在自然灾害发生时实现有效的自救和互救，减少生命与财产损失。同时，只有具备完整住区功能的村庄才能够对周边的山林等自然环境进行一定的维护和管理，这同样有利于减少自然灾害导致的次生灾害和衍生灾害。三是在进行大型水库、核电站等有可能被自然灾害引发严重次生灾害的设施的选址时，要严格以灾害风险区划为依据，避开高风险地区，尽最大可能降低风险。具体到核电站，由于近年来光伏发电等可再生能源领域的巨大技术进步，发展核电可能已不再是解决能源供给的必须选项，是否需要新建核电站应重新加以探讨。四是对于公路、桥梁、铁路等重要基础设施，在区位和线路选择上也应避开灾害高风险区。因为这些基础设施具有带动周边地区发展的作用，可以引起人口和经济的聚集。

由于城市是人口和经济高密度聚集的地区，防灾减灾工作的重点空间在城市。以防灾减灾为目的的空间规划手段及相关政策可以分为两大类：区位政策和建设标准政策。区位政策旨在通过限制在灾害风险区内的开发建设来降低灾害的风险。建设标准政策旨在要求建设的防灾等级必须与该地理位置的灾害风险相适应，灾害高风险区内的建设设防标准相应要高。建设标准政策允许在灾害风险区发展，但同时提高了开发者的成本。因此，高的防灾建设标准会减少进入高灾害风险区的开发项目。

城市的防灾减灾规划一般都包含了上述两类政策手段的应用。通过多年的实践和探索，防灾减灾规划已经成为城市规划的强制性内容。但是，一个时期以来城市规划的实效性一直受到较多的诟病，自然也包括其中的防灾减灾规划。其中的主要原因有两个方面。首先，在任何一个小区域灾害发生的频率都是很低的，因此城市政府倾向于将注意力集中在短期的发展目标上，而对防灾减灾工作动力不足。其次，规划的决策权高度集中，而且，"换一届领导就改一轮规划"，行政权力随意干预规划决策导致规划本身科学性不足并缺乏权威性。

因此，要改进空间规划对防灾减灾工作的指导和保障作用，就必须提高城市规划的科学性和权威性。建议从以下四个方面着手进行改进。第一，应将防灾减灾工作纳入对城市政府及主要领导的政绩考核体系之中，以提高城市政府对防灾减灾工作的重视程度。第二，改革规划管理方式，强化规划的权威性。在大城市建立规划审议会或城市规划委员会制度，审议会成员由专家学者、人大代表和利益相关方代表组成，城市规划和土地利用规划的编制和修编均须经审议会审议通过。严格控制城市总体规划和土地利用总体规划的修改，凡涉及改变开发强度、土地利用方向、规模、重大布局等原则性修改，必须经同级人民代表大会审议通过后，报原批准机关批准。第三，引入城市总规划师制度，在城市规划领域实现一般性行政与技术性行政的分立。城市总规划师是一种世界上较为流行的制度，德、法、英、美、俄等许多国家的城市政府都普遍采用。城市总规划师相当于城市规划建设总体决策上的总参谋部，有利于增强决策的科学性，保证规划及其实施的正确性和连续性。第四，城市防灾减灾规划是一个技术含量和数据要求都很高的规划过程，这方面需要做长期系统的调查和积累，并及时更新。由于很多地方政府欠缺相应的专业能力和技术水平，国家层面的相关部门要在这方面多做工作，给地方政府提供及时系统的数据产品和技术支持。

回顾与点评

本文写于2018年春，缘起是国务院发展研究中心社会发展研究部接到的一项上级交办任务。虽然当时我已经退休，但还暂时保留了办公室。研究部领导考虑到其他同事都没有这一领域的研究基础，希望我把这件事承担下来，于是就有了本文。

代跋：成就感源于为国为民
——记经硕 1982 级林家彬[*]

求学之路：河南乡村到日本东京大学

1977 年，林家彬 20 岁，正在河南农村插队。

林家彬是北京人，"文化大革命"时跟着父亲所在的中国农业科学院某研究所迁转到河南。在河南上完中学后，他和同龄人一样到当地农村插队，也一样确信自己会扎根在那里。

1977 年，国家恢复高考，林家彬看到了改变命运的机会。

"考完后我觉得发挥得不好，没希望了。结果通知说过了分数线，可以上大学了！"林家彬如是回忆当时的狂喜："我插队的村子离家将近 30 里路，知道消息后我就骑上自行车往家里飞奔，天黑路暗，差点撞上前面的一辆驴车。赶

---

[*] 这篇文章是 2012 年清华大学经济管理学院的学生记者对我的采访稿。时值我们清华经硕 1982 班入学 30 周年，清华大学经济管理学院《校友通讯》按惯例要组织对值年校友的采访文章。留校任教的老同学将我推荐为采访对象，于是就有了这篇文章问世。由于这也是近乎唯一一篇涉及我的个人经历与学术道路的回忆性文章，其中展现了自己从事政策咨询研究工作所坚持的理念，故将此文转载于书末，权充代跋。

车的说，你心里有事儿吧？我确实心里有事！"

林家彬的心事就是上大学，但当时他还不知道，自己考上的是全国最好的清华大学。通知书发下来，林家彬被清华大学建筑工程系录取。

1977级、1978级的大学生大多因为"文化大革命"而耽误了学业，对来之不易的学习机会自然格外珍惜。林家彬说当时同学们都是拼了命地学习。"每天吃完早饭，有课的上课去了，没课的就一窝蜂地往图书馆、自习教室飞奔。"他和同学们都只有一个念头：争分夺秒，抢回失去的青春。繁重的课业之余，林家彬还担任了班级体育委员，并加入校田径队的全能队，艰苦的训练磨炼了他的体质和意志，也为以后的学习和生活打下了坚实的基础。

在土木工程系学习期间，谢文蕙老师主讲的"建筑经济学"成了转变他人生道路的一门课程。这门课让他明白，原来经济学之于土木工程，绝非算算钢筋混凝土用量那么简单。课上谢老师的一句话，深深地震动了他："靠计算节省不了多少钢筋水泥，决策失误才是最大的浪费。""决策失误是最大的浪费"，由于受到这句话的震撼，报考研究生时林家彬决定改学经济学，并由此获得了国家公派留学资格。在清华大学经济管理系打了半年基础，又到设在大连外国语学院的国家教育委员会出国人员培训部补习了半年日语，他漂洋过海去往日本，成为东京大学工学部土木工学专业的一名研究生，主攻区域规划。当年那个在公路上差点撞到驴车的青年，没想到自己竟然跑得这么远，并最终跑上了研究

"决策"这条路，一跑就是三十多年。

在日本的求学岁月里，林家彬幸运地成为著名学者中村英夫教授的第一位中国弟子，接受了中村英夫教授长达5年的耳提面命。后来担任过日本土木学会会长、世界交通安全学会会长等要职的中村英夫教授人称"瞬间热水器"，是出了名的急脾气，对学生很严厉，但心地特别善良。有一次林家彬汇报研究进展时有个概念没弄清楚，还与先生争辩了两句，惹得中村英夫教授拍了桌子。拍桌子归拍桌子，到了下午，刀子嘴豆腐心的中村英夫教授又专门给林家彬打电话，邀他一起吃晚饭，安慰了他一番。日本大学的特点是导师对学生的学术道路乃至人生都有决定性的影响，中村英夫教授的严格要求训练出了林家彬严谨的学术作风，他现在对待工作也如当年中村英夫教授一般严格。"但我跟他性格不一样，我脾气好。"他半开玩笑地补充道。

影响国策：成就感来自为国为民

从东京大学获得博士学位后，林家彬进入位于日本名古屋的联合国区域发展中心任研究员，主攻与中国发展相关的课题。在工作中，他与现在的工作单位——中国国务院发展研究中心有了不少合作机会。接触促进了解，了解产生信任，信任催发认同，林家彬开始考虑回国。

很多人劝他，在日本十多年，刚刚站稳脚跟，何苦要回去从头做起？

"我从没想过不回国，国家派我出来学习，回去是理所应当的。"他如是说。1995年7月，在日本生活了12年的林家彬回到中国，进入国务院发展研究中心工作。这是一个国务院下属的决策咨询机构，主要针对国家经济社会发展中的重大问题开展研究。

十几年前谢老师的那句"决策失误才是最大的浪费"，再次成为林家彬的研究宗旨，但这次他所面对的不再是某项工程的统筹规划，而是一个国家的国计民生。

"我们的日常工作，归结起来就是三个研究步骤——去发现主要的问题是什么，问题的原因是什么，怎么办。"林家彬介绍说。国务院发展研究中心的课题主要有两类，一种是研究员依据个人关注上报并获批的，另一种则是上级布置的任务。"比如去年3月连出4起大的矿难和安全生产事故，主管安全生产的张德江副总理要求我们马上成立课题组，研究怎么搞好生产安全问题。近两年中小企业由于内外环境的重大变化而面临重重困难，比如说出口加工型企业由于人民币汇率升值利润空间被极度挤压，很多企业想转型却不知道怎么做，今年4月张德江副总理指示中心研究中小企业发展问题，我又被抽调去参加这个紧急的课题。"

从发展预测研究部再到社会发展部，林家彬在国务院发展研究中心的十多年，研究对象涵盖了许多曾成为报纸头条的社会热点。曾经参与的关于房地产税的方案设计、关于住房保障的制度设计以及近两年的关于安全生产问题和扶持中小企业发展问题的研究，均在国家制定相关政策时发挥了作用。"自己的研究能与当前国家经济发展紧密相关，成果能对国家决策起到参考作用,这是我工作最大的成就感。"林家彬的语气中有着淡淡的自豪。

敢讲真话:耿直学者的社会责任

国务院发展研究中心的大部分研究成果都要上送高层决策者,林家彬在自己的工作中始终坚持求真求实,保持着作为学者的执着与责任心。

林家彬说,自己的直言不讳,很大程度上是受到了国务院发展研究中心前辈的影响。他所在的社会部的前任部长丁宁宁,毕业于清华大学电机系,与林家彬同为77级,但老丁是属于"老三届"的老大哥。丁部长人称"丁大炮",素来以心直口快,敢讲真话著称。"不管你是多大的领导,只要说得不对,当场就敢批评。"

林家彬说,这位平时和他交流颇多的丁部长,给了他很大的支持和启示。"干我们这行要敢于针对当前的政策提出自己的看法,尤其是问题和不足,再通过调查研究找出解决的方法,这是我们的职责。"在丁部长的影响下,林家彬也把"讲真话"作为自己的使命。

2003年,"城市经营"在我国成为热潮。一些城市政府以此为幌子,采取出让土地、转让公共设施经营权等方式获取资金,扩充财源,却忽略了"城市经营"的另一个重要方面——提高公共服务效率。当时社会上有不少人力挺这一新生事物,连林家彬的经济学启蒙者谢老师也向他推荐了这方面的一些资料。

"我看了以后,觉得吾爱吾师,吾更爱真理。虽然跟老师看法不一样，但还是要写出来。"通过观察一系列现实事例和冷静的分析思考，林家彬认为，中国的"城市经营"是以筹集资金为主要目的的，损害了公众的利益，负面作用很大。

林家彬的分析得到领导的支持，他撰写了一篇题为《对"城市经营热"的透视与思考》的文章，提出"城市经营"从实质内涵分析，可分为"资金获取指向型"和"服务效率指向型"两类，我国目前的"城市经营"热以"资金获取指向型"为主导，兴起的内在动力是地方政府事权与财权的不对称和土地制度的内在缺陷。这种"城市经营"存在和引发圈地卖地热、损害农民利益、牺牲居民的福利水平、加大企业负担等方面的道德风险。需要从重构中央与地方的行政、财政关系，改革征地制度，提升城市公共决策中公众参与度等方面进行努力，防止"城市经营"走入歧途。这篇不长的文章得到了中央领导的批示，也改变了社会上对"城市经营"的"一边倒"看法。

当然，研究过程不可能一帆风顺。林家彬的提案也有不被领导认可的时候，但他从未因此放慢思考的脚步。他坚信，一个研究者最宝贵的品质就是强烈的社会责任感。"研究也好，工作也好，都得对社会的发展起到推动作用。我的工作需要以一副挑剔的眼光，看待经济社会发展的现状和政府出台的政策法规。找寻其中的问题，并且敢于把它写出来，负责任地写出来。"

"温家宝总理前段时间指出，'应对金融危机，企业要

代跋： 成就感源于为国为民

承担社会责任，企业家身上要流淌着道德的血液'①。我们经济管理学院培养的学生，有的会成为企业家，有的会做职业经理人，还有的会和我一样做研究。但无论做什么，社会责任感都是一个必要的前提。清华大学、经济管理学院不仅传授给我们经济管理的知识，还帮助我们在道德修养方面有所提升。不仅要做一个有能力的人，更要做一个有社会责任感的人。"林家彬感念学校对自己的培养，他因为是一名清华人而更加严格地要求自己，他也对年轻的学弟学妹们抱着殷切的期许。

---

① 温家宝：《企业家身上要流淌着道德的血液》，http：//finance.people.com.cn/GB/1037/8737588.html ［2011-09-13］。

图书在版编目(CIP)数据

区域·城市·可持续发展：林家彬政策研究自选集／林家彬著.--北京：社会科学文献出版社，2020.12
（国家公园和区域发展模式创新丛书）
ISBN 978-7-5201-7695-8

Ⅰ.①区… Ⅱ.①林… Ⅲ.①区域经济发展-中国-文集②城市-发展-中国-文集③可持续性发展-中国-文集 Ⅳ.①F127-53②F299.2-53③X22-53

中国版本图书馆 CIP 数据核字（2020）第 249128 号

国家公园和区域发展模式创新丛书
区域·城市·可持续发展
——林家彬政策研究自选集

著　者／林家彬

出　版　人／王利民
组稿编辑／宋月华
责任编辑／刘　丹

出　版／社会科学文献出版社·人文分社（010）59367215
　　　　地址：北京市北三环中路甲29号院华龙大厦　邮编：100029
　　　　网址：www.ssap.com.cn
发　行／市场营销中心（010）59367081　59367083
印　装／三河市尚艺印装有限公司

规　格／开　本：787mm×1092mm　1/16
　　　　印　张：18.5　字　数：190千字
版　次／2020年12月第1版　2020年12月第1次印刷
书　号／ISBN 978-7-5201-7695-8
定　价／128.00元

本书如有印装质量问题，请与读者服务中心（010-59367028）联系

▲ 版权所有 翻印必究